AF550513

ROXIE NAFOUSI

MANIFESTIERE!

ROXIE NAFOUSI

MANIFESTIERE!

DIE SIEBEN SCHRITTE, UM DEINE TRÄUME WAHR WERDEN ZU LASSEN

Aus dem Englischen übersetzt
von Sabine Zürn

Die Originalausgabe erschien 2022 unter dem Titel
MANIFEST bei Michael Joseph,
part of the Penguin Random House group UK.

Die in diesem Buch vorgestellten Informationen und Empfehlungen sind nach bestem Wissen und Gewissen geprüft. Dennoch übernehmen die Autorin und der Verlag keinerlei Haftung für Schäden irgendwelcher Art, die sich direkt oder indirekt aus dem Gebrauch der hier beschriebenen Anwendungen ergeben. Bitte nehmen Sie im Zweifelsfall bzw. bei ernsthaften Beschwerden immer professionelle Diagnose und Therapie durch ärztliche oder naturheilkundliche Hilfe in Anspruch.

Der Verlag behält sich die Verwertung der urheberrechtlich geschützten Inhalte dieses Werkes für Zwecke des Text- und Data-Minings nach § 44b UrhG ausdrücklich vor. Jegliche unbefugte Nutzung ist hiermit ausgeschlossen.

Penguin Random House Verlagsgruppe FSC® N001967

10. Auflage

Copyright © 2022 by Roxie Nafousi
Copyright © der deutschsprachigen Ausgabe 2023
by Integral Verlag, München,
in der Penguin Random House Verlagsgruppe GmbH,
Neumarkter Straße 28, 81673 München
produktsicherheit@penguinrandomhouse.de
(Vorstehende Angaben sind zugleich
Pflichtinformationen nach GPSR.)

Alle Rechte sind vorbehalten.
Redaktion: Dr. Diane Zilliges
Satz: satz-bau Leingärtner, Nabburg
Umschlaggestaltung: Guter Punkt GmbH & Co. KG
in Anlehnung an das Originalcover
(basierend auf einem Konzept von Amy Bailey)
Druck und Bindung: Friedrich Pustet GmbH & Co. KG, Regensburg
Printed in Germany
ISBN 978-3-7787-9322-0

www.Integral-Lotos-Ansata.de

Für meinen Sohn Wolfe

Sei, wer immer du sein möchtest

INHALT

EINFÜHRUNG

Manifestieren:
etwas in Gang setzen

Manifestieren bedeutet, dir genau das Leben erschaffen zu können, das du dir vorstellst. Alles anziehen zu können, was du dir wünschst, und deine Lebensgeschichte selbst zu schreiben. Es hat eine besondere Magie, und wir alle sind die Zauberer.

MEINE MANIFESTATIONSREISE

Im Mai 2018 sah mein Leben völlig anders aus als heute. Ich war siebenundzwanzig Jahre alt und hatte keine Ahnung, was ich mit meinem Leben anfangen sollte. Ich hatte keinen Job, keine Perspektive und kein Ziel vor Augen. Seit über einem Jahrzehnt kämpfte ich mit Depressionen, und fast ebenso lange hatte mich meine Sucht fest im Griff. Die meiste Zeit war ich unendlich traurig, hatte überhaupt kein Selbstwertgefühl und nach einer Reihe von gescheiterten Beziehungen fühlte ich mich ziemlich einsam.

Ich war gerade aus Thailand zurück, wo ich einen Monat lang eine Ausbildung zur Yogalehrerin absolvierte. Ich hatte gehofft, dort nicht nur eine Qualifikation zu erwerben, mit der ich so etwas wie eine berufliche Karriere aufbauen könnte, sondern fernab von den Verlockungen des Stadtlebens auch meinen Schmerz zu heilen und mein ausschweifendes Partyleben zu ändern. Aber schon nach weniger als einem Tag in London fand ich mich im altbekannten Teufelskreis aus Rauchen, Trinken und Drogenkonsum wieder. Zu diesem Zeitpunkt – und nicht zum ersten Mal – war ich ganz unten angekommen. Ich hatte keine Hoffnung mehr. Wenn mir nicht mal ein Monat Selbstreflexion, tägliche Meditation, gesunde Ernährung und zweihundert Stunden Yoga helfen konnten, was dann?

Völlig am Ende rief ich meine Freundin Sophia an und fragte sie, wann ich wohl jemals glücklich sein würde. Sie meinte: »Ich habe gestern einen Podcast über Manifestieren gehört. Ich schicke dir gleich den Link, ich glaube, das könnte dir wirklich helfen.« Ich war gerade auf dem Weg ins Nagelstudio, und mir kam die Idee, mir bei der Nagel-Modellage die Kopfhörer aufzusetzen und mir die Sache mal anzuhören. Ich erinnere mich an die Situation wie heute: Ich sehe mich in meinen schwarzen Leggins und der Oversize-Jeansjacke auf der weißen Kosmetikliege, die Nägel in einem bonbonfarbenen Rosa lackiert, während ich aufmerksam den Worten lausche, die mein Leben nachhaltig verändern sollten.

Nach der Anwendung ging ich direkt nach Hause und klappte meinen Laptop auf. Ich tippte bei Google ein: »Was ist Manifestation?«, setzte mich hin und las, recherchierte, hörte zu, lernte und nahm alles auf, was ich darüber nur finden konnte. Ich wusste sogar schon, was ich als Erstes manifestieren wollte: bedingungslose Liebe.

Nur eine Woche nachdem ich mir die Podcast-Folge angehört und einige der Dinge, die ich gelernt hatte, in die Praxis umgesetzt hatte, erhielt ich über die Dating-App *Raya* eine Nachricht des australischen Schauspielers Wade Briggs. Wir hatten keine gemeinsamen Freunde, aber ich fand, dass er wirklich süß aussah, und so antwortete ich ihm. Es begann ein Nonstop-Nachrichten-Marathon.

Zwei Wochen später konnte Wade vor seiner Rückkehr nach Australien zufällig einen viertägigen Zwischenstopp in London einlegen, nachdem er mehrere Monate mit seinem besten Freund in einem Van durch Europa gereist war. Also beschlossen wir, uns am Tag nach seiner Ankunft in der Stadt zu treffen.

Unsere Verabredung verlief so gut, dass Wade beschloss, seinen Rückflug zu verschieben, um einfach »noch ein bisschen zu bleiben und zu sehen, was sich ergibt«.

Drei Monate später erfuhren wir, dass ich schwanger war.

Am 7. Juni 2019, auf den Tag genau, ein Jahr nachdem ich Wades erste Nachricht erhalten hatte, kam unser Sohn Wolfe zur Welt. **Und hier war sie, die bedingungslose Liebe.**

Mittlerweile sind drei Jahre vergangen, Wade und ich sind gefestigter denn je und völlig hingerissen von unserem vollkommenen kleinen Jungen. Obendrein habe ich keinerlei Suchtprobleme mehr, ich habe mir eine erfolgreiche Karriere aufgebaut, die mir Sinn gibt und mich mit Leidenschaft erfüllt, ich bin glücklicher und zufriedener, als ich es in Worte fassen könnte, und ich habe endlich, was mir für alle Zeit unerreichbar schien: Selbstliebe.

Nachdem ich das Manifestieren für mich entdeckt hatte, sortierte ich all mein Wissen fast instinktiv in sieben einfache Schritte. Ich befolgte die Schritte selbst, und so entwickelte sich alles in meinem Leben schnell und auf wunderbarste Weise. Die Veränderung fühlte sich magisch an, aber gleichzeitig erschien sie mir nachvollziehbar und vollkommen logisch. Mein Leben veränderte sich in jeglicher Hinsicht, nichts blieb, wie es war. Und all das geschah nur aus dem einem Grund: Ich hatte die wahre Kunst des Manifestierens verstanden.

Ich erzählte meinen Freund*innen und meinen Followern auf Instagram von dieser unglaublichen Sache, die man »Manifestieren« nennt. Die wenigsten wussten, wovon ich sprach, und die anderen sagten immer das Gleiche: »Aha, ist das nicht die Sache, bei der man einfach visualisiert, was man sich wünscht, und es trifft ein?« Da wurde mir klar, dass die meisten noch nie etwas vom Manifestieren gehört hatten, und diejenigen, die etwas darüber wussten, kannten nur ein paar Details. Das war der Grund, warum es nur so wenige Leute erfolgreich praktizierten.

Ich empfand den Drang, die innere Berufung, so vielen Menschen wie möglich beizubringen, wie sie die Kraft, die in ihnen steckt, entfalten können. In den letzten zwei Jahren habe ich meinen Sieben-Schritte-Leitfaden zum Manifestieren in Workshops und Webinaren Zigtausenden von Männern und Frauen vermittelt. Seither erhalte ich tagtäglich Nachrichten von Menschen, die dank dieser kraftvollen und magischen Praxis ihr Leben verändert und ihre Träume verwirklicht haben. Anfang 2021 war es dann an der Zeit, dieses Buch zu schreiben, denn auf diese Weise konnte ich viel mehr Menschen erreichen und anleiten.

Ich manifestiere weiterhin jeden Tag, und ich lebe und atme die einzelnen Schritte, die ich dir in diesem Buch vermittele. Manifestieren hilft mir in jeglicher Hinsicht, und jeden Tag wache ich voller Dankbarkeit auf für das, was ich habe, und gespannt darauf, was das Universum mir schenken wird. Seit ich mit meinen Workshops begonnen habe, ist das Interesse am Manifestieren gestiegen, und dieses Interesse hat zweifellos an Dynamik gewonnen. Ich finde es aufregend, dass sich immer mehr Menschen für den Gedanken öffnen, ihr Schicksal selbst in die Hand zu nehmen. Allerdings finden viele die Flut an Informationen verwirrend und wissen nicht, wo sie anfangen sollen. In diesem Buch habe ich alles, was man darüber wissen muss, in sieben einfache Schritte zusammengefasst, sodass du die Magie für dich selbst nutzen und deinen Weg zum Manifestieren deines Lebenstraums beginnen kannst. Eine Sache ist mir dabei wichtig: Manifestieren ist viel mehr als nur ein Trend.

Es ist die Begegnung von Wissenschaft und Weisheit, eine Lebensphilosophie und eine Methode zur persönlichen Weiterentwicklung, die dir dabei hilft, dein bestes Leben zu gestalten.

Manifestieren ist nichts Neues. William Walker Atkinson hat das Konzept des Manifestierens bereits 1906 in seinem Buch *Gedankenvibration. Das Gesetz der Anziehung in der Gedankenwelt* vorgestellt. Und eine meiner Lieblingsdefinitionen von Manifestation stammt aus dem 1937 erschienenen Buch *Denke nach und werde reich* des Journalisten Napoleon Hill. Er sagt, dass wir unser Schicksal selbst in der Hand haben, dass wir unser Umfeld steuern und beeinflussen können und uns das Leben erschaffen, das wir wollen. Seither haben viele große Philosoph*innen und spirituelle Lehrer*innen über die Macht des Manifestierens geschrieben. Zu meinen Lieblingslehrer*innen gehören Louise Hay, Abraham Hicks, Wayne Dyer, Eckhart Tolle, Oprah Winfrey und Dr. Joe Dispenza.

All diese Menschen wissen, wovon auch ich inzwischen überzeugt bin: **Manifestieren funktioniert wirklich.**

DIE WISSENSCHAFT DES MANIFESTIERENS

Wie bereits gesagt, handelt es sich beim Manifestieren um ein Zusammenspiel von Wissenschaft und Weisheit. Deshalb zunächst eine vereinfachte Erklärung aus der Wissenschaft für dich:

Die Quantenphysik hat uns gelehrt, dass alles im Universum Energie ist. Wir selbst sind Energie, der Stuhl, auf dem wir sitzen, ist ebenso Energie wie der Himmel über uns. Mit anderen Worten: Die gesamte physische Materie ist reine Energie. Dinge unterscheiden sich durch ihre Schwingungsfrequenz und die Dichte der Atome, aus denen sie bestehen. Die Schwingungsfrequenz ist entweder hoch, niedrig oder liegt irgendwo dazwischen.

Das Gesetz der Anziehung besagt, **dass Gleiches Gleiches anzieht.** Das bedeutet, dass eine hochfrequente Schwingung hochfrequente Schwingungen anzieht und eine niederfrequente Schwingung niederfrequente Schwingungen.

Auch unsere Gedanken, Emotionen und Gefühle sind Energie, und die einzelnen Emotionen haben jeweils unterschiedliche Frequenzen. Indem wir unsere Gedanken verändern, ändern wir unsere Gefühle und Emotionen, was wiederum unsere gesamte Schwingungsfrequenz beeinflusst. Die Frequenz, die wir ausstrahlen, ziehen wir auch wieder an. Verändern wir also unsere Gedanken und dadurch unsere Emotionen, können wir unsere Schwingung und letztlich auch unsere Realität verändern.

In diesem Buch verwende ich die Begriffe »hohe Schwingung« und »niedrige Schwingung« für die hohe beziehungsweise niedrige Frequenz der Schwingung.

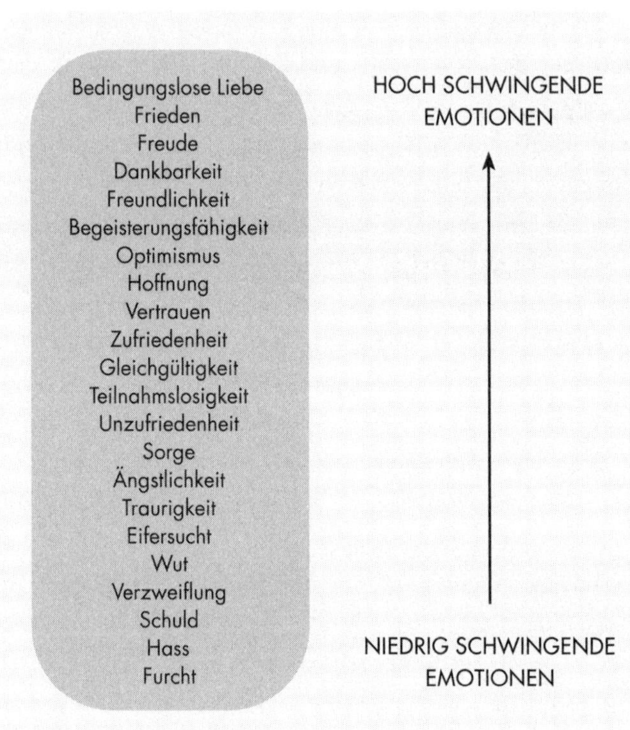

Die Wissenschaft des Manifestierens funktioniert aber nicht nur mittels der Quantenphysik, sondern auch mithilfe der Neurowissenschaften. Dem liegt der Gedanke zugrunde, dass wir die Neuroplastizität (die Fähigkeit unseres Gehirns, seinen Aufbau und seine Funktionen durch Entwicklung, Lernen und Erfahrungen zu verändern und neue Verbindungen zwischen den Nervenzellen zu bilden) nutzen können, um unser im Unterbewusstsein verankertes Selbstwertgefühl zu steigern und einschränkende Glaubenssätze außer Kraft zu setzen. Das tun wir, indem wir unser Gehirn darauf trainieren, Chancen zu erkennen, und unser Verhalten auf unsere gewünschten Ziele ausrichten. In diesem Buch erfährst du, warum all diese Aspekte wichtig sind, um erfolgreich zu manifestieren.

Wenn du mehr über die Wissenschaft des Manifestierens erfahren willst, empfehle ich dir das Buch *Die Quelle: Wie unser Denken unser Schicksal beeinflusst. Bahnbrechende Erkenntnisse über die erstaunliche Kraft unserer Gedanken* von Dr. Tara Swart. Meine Freundin Tara ist Neurowissenschaftlerin und Expertin für Manifestation. In ihrem Buch untermauert sie die Kraft des Manifestierens mit Erkenntnissen aus der Kognitionsforschung.

DAS UNIVERSUM

Wann immer ich über das Manifestieren spreche, geht es auch um das Universum. Für mich liegt im Universum die Kraft und die Magie des Manifestierens; es ist viel größer als unsere bewusste Wahrnehmung. Diese energetische Kraft vereint den unendlichen Reichtum der Welt in sich. Wenn du diese Energie anders bezeichnest, dann ersetz den Begriff »Universum« gern durch dein eigenes Wort. Bist du dann leichter bereit, deine innere Kraft zu entfalten, um dein bestes Leben zu führen?

MANIFESTIEREN MIT ROXIE: DIE COMMUNITY

Einer der schönsten und wunderbarsten Effekte meiner Workshops, Webinare und Gruppencoachings ist die daraus entstandene Community. Während des Lockdowns im Jahr 2020 haben sich durch meine Webinare unglaublich viele Online-Freundschaften entwickelt, und es gibt unzählige WhatsApp-Gruppen mit Hunderten von Teilnehmer*innen, die sich nach einem Treffen bei einer meiner Veranstaltungen zusammengefunden haben. In Chatgruppen unterstützen sie sich gegenseitig, schicken sich inspirierende Gedanken und teilen Materialien für die persönliche Weiterentwicklung. Ich kann gar nicht in Worte fassen, wie glücklich es mich macht, dass die Community auf diese Weise stetig wächst.

Ich weiß, dass es mit zunehmendem Alter immer schwieriger wird, Gleichgesinnte zu treffen und neue Freundschaften zu knüpfen. Deshalb wünsche ich mir sehr, dass meine Plattform ein Forum für Begegnungen und Vernetzung wird, und ich ermutige alle Mitglieder, diese Möglichkeit auch zu nutzen.

Falls du dich der Community anschließen möchtest, kannst du an einem meiner Webinare oder Workshops teilnehmen, oder du trittst der Facebook-Gruppe »Manifest with Roxie« bei. Unter dem Hashtag #MANIFESTWITHROXIE kannst du uns über deine Fortschritte und Erfolge beim Manifestieren berichten.

SCHRITT 1

ENTWICKLE EINE KLARE VISION

»Alles wird zweimal erschaffen: erst im Kopf und dann in der Realität.«

ROBIN SHARMA[1]

Jede Manifestationsreise beginnt mit dem ersten Schritt, und der besteht darin, eine klare Vision zu entwickeln. Einfacher gesagt: Du kannst dein Ziel nicht erreichen, wenn du nicht weißt, wohin du gehen willst. Du musst dir also zuallererst klar darüber werden, was du dir vom Universum wünschst.

Deshalb erläutere ich dir zunächst, warum es für das Manifestieren von so zentraler Bedeutung ist, genau zu wissen, was du willst, und es dann zu **visualisieren.** Immer wenn wir in unserem Gehirn eine Erfahrung erschaffen, reagiert es so, also würde sie wirklich eintreten.

Die Neurowissenschaftlerin Dr. Tara Swart erklärt in ihrem Buch *Die Quelle*, dass Visualisierung deshalb funktioniert, weil unser Gehirn kaum einen Unterschied zwischen der unmittelbaren Erfahrung eines Ereignisses und einer kraftvollen Vision desselben Ereignisses in unserem Kopf macht. Stellen wir uns zum Beispiel eine Stresssituation vor, reagiert unser Gehirn so, als würde sie sich wirklich ereignen: Unser Nervensystem bereitet sich auf Kampf oder Flucht vor und setzt die Stresshormone Cortisol und Adrenalin frei. Das führt dazu, dass unser Herz schneller schlägt, unser

1 Robin Sharma: Der Mönch, der seinen Ferrari verkaufte. Eine Parabel vom Glück. Knaur, München 2019

Atem flacher wird und der Blutdruck steigt. Allein der Gedanke an eine Stresssituation erzeugt in unserem Körper physiologischen Stress. Denken wir aber an eine ruhige und friedliche Atmosphäre, regt unser Gehirn das Nervensystem an, ruhig zu werden, und der Körper entspannt sich. Die Bilder in unserem Kopf bewirken eine physiologische Veränderung, und deshalb haben sie die Macht, die Realität so zu beeinflussen, wie wir sie dann erleben. Visualisieren wir also, dass wir alles haben, was wir uns am meisten wünschen, erzeugen wir eine physiologische Veränderung, die unsere energetische Schwingungsfrequenz verändert und nach dem Gesetz der Anziehung beeinflusst, was wir in unser Leben ziehen.

Visualisieren hilft uns auch auf andere Weise beim Manifestieren: Auf das regelmäßige Visualisieren unserer Wunschziele reagiert unser Gehirn, indem es unsere Verhaltensmuster und unsere Interpretation der Außenwelt in Übereinstimmung mit dem imaginierten Ziel bringt. Es nimmt neue Möglichkeiten wahr, die mit unseren Vorstellungen übereinstimmen, und filtert unerwünschte Informationen aus, die nicht dazu passen. Auf diese Weise können wir unser Gehirn im wahrsten Sinne des Wortes dazu bringen, uns in Richtung unserer gewünschten Zukunft zu führen.

Je präziser die Visualisierung ist, desto realer fühlt sie sich an und desto kraftvoller wirkt sie. Um deine Visualisierung wirklich zum Leben zu erwecken, solltest du auf möglichst viele Details achten. **Beschreib deine Träume so konkret wie möglich.** Kannst du zum Beispiel die Lage, die Anzahl der

Zimmer und den Grundriss deines Traumhauses angeben? Siehst du bereits die Farbe der Haustür oder die Blumen im Garten?

Visualisierung ist wahrscheinlich der in den Medien am meisten diskutierte Weg zum Erfolg. Unzählige Prominente, Sportler*innen und CEOs führen einen Großteil ihres Erfolgs darauf zurück, dass sie ihre Ziele ständig visualisiert haben. Der ehemalige US-Schwimmer Michael Phelps, mit 23 Goldmedaillen der erfolgreichste Olympionike der Welt, bereitete sich nach eigener Aussage mithilfe des Visualisierens auf Wettkämpfe vor: Dabei stellte er sich nicht nur seinen Sieg, sondern auch Niederlagen vor und wie er jede Art von Herausforderung mit Leichtigkeit meistert. Indem er alle Szenarien visuell durchspielte und sich immer das bestmögliche Ergebnis vorstellte, war er in der Lage, jeden Wettkampf zu gewinnen, egal was geschah.

Vergleich deine Visualisierungen mit einem Navi: Für die Fahrt zum Flughafen würdest du ja auch nicht nur »Flughafen« eingeben und erwarten, dass du an die richtige Adresse geführt wirst, oder? Nein, du würdest den Ort und das Terminal eingeben, das du erreichen willst. Eine vage Visualisierung genügt einfach nicht. Je präziser und detailreicher, desto klarer ist deine Vorstellung.

Doch es reicht nicht aus, dir nur vorzustellen, was du dir wünschst. Das wahre Geheimnis einer effektiven Visualisierung und Manifestierung besteht darin, zu spüren, das Gewünschte bereits zu haben. **Denk daran, wir ziehen das an, was wir fühlen.** Wir ändern unsere Schwingungsfrequenz nur, wenn wir sehen, was wir uns wünschen, und dann das Gefühl entwickeln, es zu haben. Es ist also wichtig, dass wir uns nicht nur unser Traumhaus vorstellen, sondern auch, wie es sich *anfühlen* würde, dort zu leben. Je intensiver wir dieses Gefühl erleben, desto schneller wird sich unser Wunsch erfüllen. Auch wenn du die Begegnung mit deiner Seelenpartnerin oder deinem Seelenpartner manifestieren willst, solltest du nicht nur den zu dir passenden Menschen visualisieren, sondern auch, wie du dich in der Beziehung fühlen wirst. Kannst du Gefühle wie bedingungslose Liebe, Sicherheit, Wärme und das Gefühl, beim anderen »zu Hause« zu sein, in dir entstehen lassen? Wenn wir unsere Visualisierungen nutzen, um Gefühle, wie zum Beispiel Zufriedenheit, Freude, Selbstvertrauen oder Liebe, in uns zu erzeugen, erhöhen wir unsere Schwingungsfrequenz und ziehen hoch schwingende Fülle an.

Manche denken jetzt vielleicht: »Ich habe keine Ahnung, was ich manifestieren will, und ich finde es schwierig, einen konkreten Wunsch zu visualisieren.« Vielleicht weißt du noch nicht, welchen Job du gern hättest, wo du leben möchtest oder wie dein Leben in einem Jahr aussehen soll. Vielleicht befindest du dich an einem entscheidenden Punkt in deinem Leben, an dem du dich verändern willst, aber nicht weißt, welche Richtung du einschlagen sollst. So geht es nicht nur dir. Tatsächlich scheinen viele Leute die Magie des Manifestierens gerade dann zu entdecken, wenn sie sich in ihrem Leben verloren, richtungslos oder festgefahren fühlen. Wenn das auf dich zutrifft, ermutige ich dich, deine Visualisierungen ausschließlich darauf zu konzentrieren, wie du dich fühlen möchtest, zum Beispiel selbstbewusster, zufriedener, leidenschaftlicher, motivierter, verliebter oder gelassener. Du kannst auf jeden Fall ein Gefühl manifestieren.

Im vergangenen Jahr habe ich sehr intensiv mit einer Klientin gearbeitet. Als sie das erste Mal zu mir kam, war sie wirklich am Tiefpunkt angelangt. Sie hatte zahlreiche Therapien und Heilmethoden ausprobiert, aber keine davon konnte ihr dauerhaft zu einer echten Veränderung verhelfen. Sie fragte mich: »Ich weiß, dass du viel über Manifestation sprichst. Kannst du mir beim Manifestieren helfen, auch wenn ich gar nicht weiß, was ich will?« Ich lächelte, nickte und fragte sie, ob sie zu einer geführten Meditation bereit wäre. Sie war einverstanden, also versetzte ich sie in einen entspannten Zustand und bat sie, sich selbst sechs Monate später zu visualisieren. Sie sollte versuchen, sich vorzustellen, wie sich ihr ideales zukünftiges Ich fühlen würde, und dieses Gefühl ganz verinnerlichen. Nachdem ich sie in die Gegenwart zurückgeführt hatte, erklärte sie, dass sie sich vor allem wünschte, morgens mit einem Gefühl von Energie und Optimismus für den Tag aufzuwachen. Wie viele andere, deren mentale oder emotionale Gesundheit labil ist, hatte auch sie sich schon lange nicht mehr so gefühlt. Durch die Visualisierung und die Frage, wie sie sich fühlen wollte, begann ihre

Manifestationsreise. Innerhalb von sechs Monaten wachte sie nicht nur morgens voller Energie auf und freute sich auf den vor ihr liegenden Tag, sondern sie veränderte auch ihre innere und äußere Welt in jeder Hinsicht. Sie blühte in ihrer Arbeit, in ihren persönlichen Beziehungen und in ihrer Beziehung zu sich selbst auf, und das alles begann mit einem *Gefühl*.

> DAS GRÖSSTE GESCHENK DES MANIFESTIERENS BESTEHT NICHT DARIN, MATERIELLE DINGE ANZUZIEHEN, SONDERN UNS DABEI ZU HELFEN, DIE KRAFTVOLLSTE, AUTHENTISCHSTE, SELBSTLIEBENDSTE UND WIRKLICH GROSSARTIGSTE VERSION UNSERER SELBST ZU ENTFALTEN.

Bei der Visualisierung deiner idealen Zukunft stellst du dir nicht nur vor, was du manifestieren willst, **sondern auch die Person, die du sein möchtest**. Die Frage »Wer will ich werden?« ist vielleicht sogar am wichtigsten im gesamten Manifestationsprozess. Immer, wenn du dir dein zukünftiges Ich vorstellst – die Person, die du morgen, nächsten Monat, nächstes Jahr sein möchtest –, fragst du dich: Wie fühlt sich diese Version von dir körperlich, emotional und energetisch an? Wie verhält sich diese Version von dir im Alltag? Welche Gewohnheiten pflegst du? Wie gehst du mit stressigen Situationen um? Welche Werte und Überzeugungen vertrittst du? Welche Arten von Beziehungen gibt es in deinem Leben, und wie fühlst du dich in ihnen? Werde dir kristallklar darüber, wer du sein willst, und liebe diesen Menschen von Anfang an bedingungslos. Mach dir bewusst, **dass diese Version bereits in dir verborgen existiert** und geduldig darauf wartet, zum Leben erweckt zu werden, indem du die nächsten Schritte dieses Buches durchläufst.

Durch Meditation vertiefe ich mich in die Visualisierung meines zukünftigen Ichs. Dazu setze ich mich einfach in einen ruhigen Raum und fokussiere mich auf meinen Atem und auf das Heben und Senken meines Bauchs beim Ein- und Ausatmen. Während ich meine ganze Aufmerksamkeit auf den gegenwärtigen Moment richte, spüre ich, wie Geist und Körper sich entspannen. Sobald ich in diesem entspannten Zustand bin, erlaube ich meiner Vorstellungskraft, mich in die Zukunft zu versetzen. Dann beginnt meine Visualisierung, die ich mit farbenfrohen Details und starken Gefühlen und Emotionen erfülle. In der Regel visualisiere ich zehn bis fünfzehn Minuten lang und wiederhole dies zwei- bis dreimal pro Woche.

Falls du zum ersten Mal meditierst, empfehle ich dir, eine geführte Meditation anzuhören, um dich zu entspannen oder gleich durch deine Visualisierung führen zu lassen. Im Internet findest du unzählige Meditationen – hör rein, bis du eine Stimme findest, mit der du dich identifizieren kannst. Ich nutze gern YouTube als Quelle für Visualisierungsmeditationen. Apps wie *Calm* und *Headspace* sind ebenfalls sehr beliebt und bieten eine Vielzahl an Meditationen, um dich in einen entspannten Zustand zu versetzen. Du kannst aber auch meine Website besuchen, auf der ich einige spezielle Manifestationsmeditationen zusammengestellt habe, um dich beim Visualisieren zu unterstützen (www.roxienafousi.com).

> ### FAQ
>
> Q: Kann man mehr als eine Sache gleichzeitig manifestieren?
>
> A: Ja, ja, ja! Viele Leute wollen mehrere Dinge gleichzeitig manifestieren, und solange sie zusammenpassen, kannst du sie auch alle zur selben Zeit manifestieren. Achte bei einer Visualisierungsmeditation jedoch darauf, dass du jeweils nur mit einem Ziel oder einem gewünschten Ergebnis in Verbindung gehst, damit du dich auch wirklich in die einzelne Vision vertiefen kannst.

Sobald du eine Vorstellung davon hast, an welchem Punkt du ankommen willst, wie du werden möchtest und welche Dinge du in deinem Leben manifestieren willst, kannst du ein **Vision Board** erstellen. Das ist die visuelle Darstellung deiner Wünsche und Pläne. Ein Vision Board verschafft dir einen besseren Überblick über alles, was du in deinem Leben manifestieren möchtest, und es fügt deiner Visualisierung eine weitere Dimension hinzu.

Hinweis: Bei der Visualisierung der Dinge, die du dir wünschst, oder bei der Erstellung eines Vision Boards für dein perfektes Leben solltest du wirklich ganz authentisch sein. Mit anderen Worten: Es ist wichtig, dass du dir nichts wünschst, von dem du *glaubst,* dass du es wünschen solltest, oder was andere sich für dich wünschen, etwa deine Eltern, Lehrer*innen oder deine Partnerin oder dein Partner. Das

Vision Board ist nur dann effektiv, wenn es auch wirklich die Person repräsentiert, die du werden willst. Bitte vergleiche deine Manifestation auch nicht mit der von anderen. Du musst dir also nicht wie deine beste Freundin eine Villa wünschen.

Denk daran, dass es beim Manifestieren nicht auf materielle Dinge ankommt. Vielmehr geht es darum, dich zu ermächtigen, dein bestes Leben zu leben. Darf ich dich daran erinnern, dass abgenutzte Klischees durchaus ihre Berechtigung haben? Wahre Zufriedenheit und Freude beruhen nicht auf materiellem Besitz, sondern auf unseren Beziehungen, unserer Lebensaufgabe und auf der Möglichkeit, unser Leben so zu führen, wie es unserem authentischen Selbst entspricht. Wähl also bei der Entscheidung, was du manifestieren willst, die Wünsche aus, die dir größtmögliche Erfüllung bringen, und sei dir bewusst, dass du die einzige Person bist, die entscheiden kann, was das ist.

DEIN VISION BOARD GESTALTEN

Im Internet findest du vielfältige Anregungen für dein Vision Board. Du kannst dabei nichts falsch machen und bist frei, es so zu gestalten, wie es dir gefällt, solange es dir dabei hilft, das Leben zu visualisieren, das du manifestieren möchtest. Entwirf dein Vision Board auf deine eigene Weise, oder lass dich von meiner Anleitung inspirieren:

1. Schaff eine angenehme Atmosphäre

Mit Kerzen und Entspannungsmusik sorgst du für eine ruhige und meditative Stimmung. Mach aus der Gestaltung deines Vision Boards einen ganz besonderen Moment, dem du dich voll und ganz widmest und den du genießt.

2. Wähl dein Material aus

Nimm einen großen Karton oder ein DIN-A2-Blatt, und überleg dir, ob du deine Ziele mit verschiedenfarbigen Stiften aufschreiben (in Form einer Liste oder einer ausführlichen Beschreibung) oder lieber mit Bildern arbeiten willst (zeichne sie selbst oder schneide aus Zeitschriften und Zeitungen Fotos und Wörter aus, die zum Ausdruck bringen, was du in dein Leben ziehen möchtest). Nutze, was dir am besten gefällt – Hauptsache, du hast Spaß dabei.

3. Bestimm die Timeline

Ganz oben auf den Karton oder das Papier schreibst du das genaue Datum, bis zu dem du deine Ziele auf dem Vision Board verwirklicht haben willst. Du kannst zwischen einen Zeitraum von sechs Monaten, einem Jahr oder sogar fünf Jahren wählen. Ich persönlich mag alle drei Versionen. Manchen Menschen fällt es schwer, sich vorzustellen, wie ihr Leben in einem Jahr aussehen soll, und es ist einfacher für sie, ihr Leben in fünf Jahren zu visualisieren – oder umgekehrt. Solltest du dich also eingeengt fühlen, kannst du jederzeit einen anderen Zeitrahmen wählen.

4. Komm ins Fühlen

Vor der Arbeit an deinem Board solltest du bereits das Gefühl deines zukünftigen Ichs verinnerlicht haben. Halte einen Moment inne, atme ein paarmal tief durch, und stell dir dich in sechs Monaten, einem Jahr oder in fünf Jahren vor. Lass ein klares und lebhaftes Bild in deinem Kopf entstehen, während du dir die folgenden Fragen stellst:

- Wie fühle ich mich im Kontakt mit mir selbst?
- Welche Art von Beziehungen habe ich?
- Wie sieht mein Zuhause aus?
- Was ist mein Beruf?
- Worauf bin ich am meisten stolz?
- Was möchte ich in meinem Leben ändern?
- Was möchte ich beibehalten?

Erlaub dir bei der Beantwortung dieser Fragen absolute Freiheit deiner Träume, Wünsche und Sehnsüchte. Lass nicht zu, dass Angst deine Imagination einschränkt; versetz dich stattdessen im Geiste genau an den Ort, an dem du sein möchtest. Erlaub dem Bild deines zukünftigen Ichs, lebendig zu werden, während du dich in die Visualisierung vertiefst.

5. Unterteil dein Leben in Kategorien

Gliedere dein Vision Board in sechs Kategorien:

- Persönliche Entwicklung (also dein persönliches Wachstum und wie du dich mit dir selbst fühlen möchtest)

- Liebe und Partnerschaft
- Beruf
- Freunde und Familie
- Haus/Wohnung
- Hobbys/Freizeit

Dieser Schritt ist dir freigestellt. Ich mag ihn, denn er hilft mir bei der Klärung der Frage, was ich mir in allen Bereichen meines Lebens wünsche, statt mich nur auf einen Aspekt zu fokussieren.

6. Gestalte dein Leben

Trag in jede Kategorie ein, was du jeweils manifestieren möchtest. Kleb Bilder auf dein Vision Board, zum Beispiel von deinem Traumhaus. Versuch, mindestens drei Themen in jede Kategorie einzutragen, aber es gibt kein Limit dafür.

7. Verwahre dein Vision Board

Nachdem du das Vision Board gestaltet hast, stellst du es weg und holst es erst wieder an dem Tag hervor, den du als Zielmarke festgelegt und auf dem Board notiert hast.

> Sobald sich die Dinge auf deinem Vision Board in deinem Leben manifestieren und du allmählich zu dem Menschen wirst, der du schon immer sein wolltest, können sich deine Wünsche und Ziele verändern oder erweitern. Zusammen mit dir entwickeln sich auch deine Träume weiter. Folg dem

Fluss der Dinge, und sei völlig flexibel, was deine Visualisierungen betrifft. Du kannst dein Vision Board jederzeit überarbeiten, etwas hinzufügen oder etwas wegnehmen. Denk daran: Du bist der oder die Gestalter*in, Kurator*in und Architekt*in deines Lebens und hast die Macht, alles neu anzuordnen, zu verändern und zu bestimmen.

Der erste Schritt in jedem Manifestationsprozess lautet: Werde dir bewusst, was du willst. Doch bevor ich dich zum nächsten Schritt begleite, möchte ich an etwas erinnern:

Um wirklich zu verstehen, wer wir werden wollen, und um die Reise zu unserem stärksten Selbst zu beginnen, **müssen wir zuerst die Person loslassen, die wir einmal waren und von der wir dachten, dass wir sie sein sollten.** Unsere Vergangenheit hat nicht nur dazu beigetragen, uns dorthin zu bringen, wo wir heute stehen, sondern sie hält uns in gleichem Maße auch davon ab, das Ziel zu erreichen, das wir anstreben. Unterbewusst gehen viele davon aus, dass wir nicht veränderbar sind. Vielleicht kennst du das Bibelzitat, nach dem ein Leopard sein Fell nicht wechseln kann. Es besagt, dass sich niemand jemals wirklich verändern kann. Und wie oft hast du schon so etwas gesagt wie: »Ich war schon immer so« oder »So bin ich nun mal«? Auch wenn das harmlose Sätze sind, fördern sie doch die Überzeugung, dass es immer nur eine Version von uns geben kann. Das zeugt von fehlendem Vertrauen in unsere Möglichkeiten, uns weiterzuentwickeln und zu wachsen – und hält uns genau davon ab. Aber

Veränderung ist nicht nur möglich, sie ist sogar unvermeidlich. Die Person, die du gestern warst, entspricht nicht mehr der, die du heute bist, und sie ist nicht die Person von morgen. Ich möchte dich auf deiner Manifestationsreise darin bestärken, deine tägliche Veränderung zu feiern.

Ehre jeden Tag, wer du bist und wer du werden willst, ohne dich durch deine Vergangenheit darin einschränken zu lassen. Es ist in Ordnung, sich anders zu fühlen, etwas anderes zu wollen und ein neuer Mensch zu werden. Lass dich darauf ein, und erlaub der Magie des Manifestierens, dich in dein höchstes Selbst zu verwandeln.

> MIT JEDEM SONNENAUFGANG WACHSEN WIR ZU EINEM NEUEN MENSCHEN.

Nimm dir Zeit, um auf deiner Manifestationsreise genau zu überlegen, was du dir vom Universum wünschst, warum du es haben willst und wie es sich anfühlt, es zu haben. Formuliere deine Träume so konkret wie möglich, und wenn du noch keine »Sache« visualisieren kannst, dann erschaff ein Gefühl.

Versuch, regelmäßig dein zukünftiges Ich zu visualisieren, und erlaub deinem Gefühl, deine Schwingung umgehend zu verändern, während du gleichzeitig deinen Verstand darauf ausrichtest, dein Ziel zu erreichen. Hab Spaß mit deinen Träumen: Gestalte ein Vision Board, das dein bestes Leben darstellt, und lass es zu deiner Realität werden, während du dich weiter mit meinem Sieben-Schritte-Leitfaden zum Manifestieren beschäftigst.

SCHRITT 2

LASS ÄNGSTE UND ZWEIFEL HINTER DIR

»Angst und Selbstzweifel waren schon immer die größten Feinde menschlichen Potenzials.«

BRIAN TRACY[2]

Das Wichtigste, was du über das Manifestieren lernen musst, lautet: Du manifestierst nicht nur durch deine bewussten Gedanken, sondern auch durch deine **unterbewussten** Überzeugungen darüber, was du verdienst. **Du kannst also nur das manifestieren, was du deiner Überzeugung nach wirklich verdient hast.**

Untersuchungen haben ergeben, dass nur 5 Prozent unserer kognitiven Aktivitäten bewusst stattfinden, während etwa 95 Prozent unbewusst sind. Und diese 95 Prozent steuern ohne rationale Kontrolle unsere Gedanken, Reaktionen, Entscheidungen, Wahrnehmungen und Verhaltensmuster. Vor diesem Hintergrund kann man leicht nachvollziehen, warum unser Unterbewusstsein einen so großen Einfluss darauf hat, welche Realität wir uns erschaffen. Unser Unterbewusstsein hat zwar unbegrenzte Kräfte, um uns in Richtung unserer Träume *zu lenken,* es hat aber auch die Macht, uns daran *zu hindern.* Dafür sind zwei Emotionen unterhalb der Bewusstseinsschwelle verantwortlich, die jede Manifestation blockieren: Ängste und Zweifel.

---

2 Brian Tracy: Verkaufspsychologie. Wie Sie Ihr Einkommen verdoppeln können. Audible Hörbuch, Berlin 2021.

Ängste und Zweifel zeigen sich in Form von Unsicherheit, einschränkenden Glaubenssätzen, dem Gefühl der Wertlosigkeit und mangelndem Vertrauen in die Fähigkeit des Universums, für uns zu sorgen. Ängste und Zweifel sabotieren unsere Kraft zum Manifestieren, indem sie dem Universum unbewusst die Botschaft senden, dass wir es nicht wert oder nicht bereit sind, die Dinge zu erhalten, die wir uns wünschen.

Ängste und Zweifel sind so mächtig, dass sie uns sogar daran hindern können, unsere Wünsche *zu visualisieren*: Sie blockieren uns buchstäblich beim allerersten Schritt auf unserer Manifestationsreise. Also, ich zeig dir, wie das funktioniert: Ich möchte, dass du dir eine Minute Zeit nimmst und dir genau das Einkommen vorstellst, das du im nächsten Geschäftsjahr manifestieren möchtest. Schreib die Zahl jetzt auf einen Zettel, und sieh sie dir an. Ist das wirklich dein Traumgehalt? Oder hast du eine Zahl aufgeschrieben, von der du glaubst, dass du sie »realistisch« erreichen kannst?

> ÄNGSTE UND ZWEIFEL TARNEN SICH OFT ALS FREUNDE. SIE GEBEN VOR, DICH VOR DER UNVERMEIDLICHEN ENTTÄUSCHUNG BEWAHREN ZU WOLLEN, ABER IN WAHRHEIT HALTEN SIE DICH AKTIV DAVON AB, DIR DIE FÜLLE DES UNIVERSUMS ZU ERSCHLIESSEN.

Sei ehrlich: Hast du bei der Erstellung des Vision Boards in Schritt 1 einige deiner tiefsten Wünsche nicht aufgeschrieben, weil etwas in dir sagte, sie seien unerfüllbar und es wäre sinnlos, sie zu notieren? Einschränkende Glaubenssätze wie diese hindern dich daran, dir vorzustellen, was du dir vom Leben wünschst, indem sie dir weismachen, dass deine Träume unerreichbar seien.

Vor ein paar Monaten kam meine beste Freundin Leah zu mir, um gemeinsam mit mir ihre Manifestationsreise zu beginnen. Wir zündeten Kerzen an, stimmten uns ein, und ich führte mit ihr eine Visualisierungsmeditation durch. Dann legten wir große farbige Arbeitsblätter, Zeitschriften und Marker aus und begannen mit der Erstellung unserer Vision Boards. Mir fiel auf, dass sie alle paar Minuten stockte, zu schreiben begann und sofort wieder aufhörte. Auf meine Frage, warum sie denn kaum etwas aufschreibe, sagte sie: »Ich will einfach realistisch sein.« Als wir unsere Vision Boards miteinander verglichen, entdeckte ich, dass sie »zehn neue Kunden« durchgestrichen und durch »fünf neue Kunden« ersetzt hatte. Als Grund gab sie an, dass sie nichts aufschreiben wollte, was dann vielleicht nicht einträfe. Da sie meine beste Freundin ist und wir endlos über unsere Lebensziele und Träume sprechen, bemerkte ich, dass sie auch darauf verzichtet hatte, einige ihrer größten Wünsche aufzuschreiben. Eines war sicher: Angst und Zweifel hatten sie fest im Griff.

Genauso ging es auch mir am Anfang meiner eigenen Manifestationsreise. Es war Silvester, und anders als in den letzten zehn Jahren beschloss ich, mich nicht zu betrinken und das neue Jahr nicht mit einem heftigen Kater zu beginnen, sondern zu Hause zu bleiben, mein Lieblingsessen zu kochen und meine Vision Boards zu erstellen – das ist inzwischen mein Silvesterritual. Ich hatte gerade damit begonnen, mein allerersten Fünfjahres-Vision-Board zu gestalten, als ich Widerstand und Selbstzweifel spürte. Ich träumte zum Beispiel davon, auf einer Bühne zu stehen und einen meiner Workshops zur Selbstentwicklung vor Tausenden von Menschen zu halten. Warum ich mir das wünsche? Ich möchte so viele Menschen wie möglich dazu bewegen, die unendliche Kraft zu erkennen, die sie in sich tragen, um zu heilen, sich zu entwickeln und die beste Version ihres Lebens zu verwirklichen. Ich möchte mit allen Mitteln dazu beitragen, dass Selbstentfaltung modern und populär wird, so alltäglich wie Kleidung. Das ist meine Bestimmung, meine Leidenschaft und mein Ziel. Ich konnte mich aber nicht dazu durchringen, diesen Wunsch auf mein Vision Board zu schreiben. Die Vorstellung, ihn aufzuschreiben und dann nicht zu verwirklichen, war mir so zuwider, dass ich mir nicht einmal die Chance gab, die Möglichkeit in Betracht zu ziehen. Meine Angst wollte mich vor dem drohenden Scheitern schützen, aber sie hinderte mich auch daran, zu verwirklichen, was ich mir von ganzem Herzen wünschte.

Mir wurde klar, dass das Erstellen eines Vision Boards nicht nur hilfreich ist, um unsere Wünsche zu visualisieren – wir lernen auf diese Weise auch unsere Ängste und Zweifel kennen. Immer, wenn du zögerst, etwas auf dein Vision Board zu schreiben, kannst du dich fragen: »Was hindert mich gerade am Schreiben? Welcher einschränkende Glaubenssatz ist der Grund dafür?« Das Erkennen deiner Ängste und Zweifel in diesem Schritt ist deine Chance, sie zu heilen und hinter dir zu lassen, um danach all deine Wünsche zu manifestieren.

Bei meinem nächsten Vision Board habe ich mir selbst die Aufgabe gestellt, jeden einzelnen meiner Wunschträume aufzuschreiben, egal wie groß oder klein, und ich habe nicht zugelassen, dass mich meine Unsicherheit davon abbringt.

> WENN WIR UNS ERLAUBEN ZU TRÄUMEN, HABEN UNSERE ÄNGSTE UND ZWEIFEL KEIN VERSTECK MEHR.

Probier es aus: Wenn dir die Gestaltung deines ersten Vision Boards wegen deiner Ängste und Zweifel schwerfiel, solltest du es jetzt ändern oder ein nagelneues Vision Board erstellen, das alles enthält, was du *wirklich* erreichen willst. Sag dir vorher: »Wenn Angst und Zweifel kein Thema wären, würde ich gern in meinem Leben manifestieren: ...« Schreib alles auf, was du anziehen möchtest.
Träum groß und lass alles zu.

> UM ETWAS MÜHELOS UND EFFEKTIV IN DEINEM LEBEN ZU MANIFESTIEREN, *MUSST* DU DAVON ÜBERZEUGT SEIN, ES VERDIENT ZU HABEN.
> LIES DAS NOCH EINMAL.

Stell dir zum Beispiel vor, du bist Künstler*in und möchtest deine Kunstwerke erfolgreich verkaufen. Du kannst visualisieren, wie du deine Kunst in einer Galerie ausstellst, die du sehr schätzt, und wie es sich anfühlt, wenn du deine Werke verkaufst. Aber wenn du nicht tief in dir drin der festen Überzeugung bist, dass du gut genug oder es wert bist, anerkannt und gefeiert zu werden, zieht du auch nicht die Wertschätzung für deine Arbeit an. Wir ziehen nicht nur an, was wir fühlen, sondern auch, was wir glauben. **Du kannst nicht manifestieren, wenn dir Ängste und Zweifel im Weg stehen.** Um auf deiner Manifestationsreise voranzukommen, musst du also zuerst deine Ängste und Zweifel erkennen und dann daran arbeiten, wie du sie überwinden kannst. Das bezeichne ich als innere Arbeit, die ich als eine aktive Form der Persönlichkeitsentwicklung betrachte. Um unsere Ängste und Zweifel aufzulösen, muss die innere Arbeit kontinuierlich fortgeführt werden. Manche deiner einschränkenden Glaubenssätze lassen sich relativ leicht erkennen und beheben, während andere tiefer verwurzelt sind und viel Aufmerksamkeit, Zeit und Anstrengung erfordern, damit sie dich nicht länger limitieren.

Die meisten Menschen tragen seit ihrer Kindheit eine endlos lange Liste von einschränkenden Glaubenssätzen, Unsicherheiten und Zweifeln mit sich herum. Diese belasten unser bewusstes und unterbewusstes Denken und hindern uns daran, unser größtes Potenzial zu entfalten. Deshalb kehrst du im Laufe deiner Manifestationsreise immer wieder zu Schritt 2 des Sieben-Schritte-Leitfadens zurück.

FAQ

Q: Was sind einschränkende Glaubenssätze?
A: Glaubenssätze entstehen, wenn Überzeugungen so oft an uns herangetragen werden, dass wir sie zu unserer inneren Wahrheit machen. Unsere Überzeugungen steuern unbewusst und ganz automatisch unser Verhalten. Wirken sie sich begrenzend auf uns aus, sprechen wir von einschränkenden Glaubenssätzen. Hat man uns zum Beispiel in der Kindheit eingetrichtert, wir seien nicht liebenswert, haben wir das irgendwann selbst geglaubt, und dieses Glaubenssystem prägt unser Verhalten. Das kann dazu führen, dass wir später im Leben hinnehmen, von anderen schlecht behandelt zu werden, oder dass wir uns unbewusst toxische Beziehungen suchen, um diese negative Überzeugung zu bestätigen.
Glaubenssätze bilden sich überwiegend in der Kindheit und Jugend.

Bevor ich fortfahre, möchte ich dir eine kleine Geschichte über meinen eigenen Umgang mit Ängsten und Zweifeln erzählen. Bevor ich auf das Manifestieren aufmerksam wurde, war ich von Unsicherheit beherrscht, wie mir rückblickend klar wird. Mein Selbsthass lähmte mich, und mein mangelndes Selbstwertgefühl wirkte sich auf jeden Bereich meines Lebens aus. Das war mir damals zwar bewusst (mein innerer Kritiker war viel zu laut, als dass ich ihn je hätte ignorieren können), aber die Ursache dafür lag tief in meiner Seele, nämlich in früheren Erfahrungen und Erinnerungen, die in meinem Unterbewusstsein gespeichert waren. Meine eigene Reise zur Befreiung von Ängsten und Zweifeln war die wertvollste und tiefgreifendste meines Lebens. Sie geht ständig weiter, und ich arbeite jeden Tag an diesem Schritt. Ich bin mir meiner Gedanken sehr bewusst, und wenn Ängste und Zweifel auftauchen, nehme ich mir Zeit, um sie wahrzunehmen, zu überlegen, woher sie kommen, und dann sofort Maßnahmen zu ergreifen, um sie zu heilen. Dafür verwende ich einige der Techniken, die ich dir im Folgenden vorstellen werde.

Einer meiner (vielen) einschränkenden Glaubenssätze lautete: »Ich werde niemals aus eigener Kraft erfolgreich sein.« Mit zunehmendem Alter wollte ich unbedingt finanzielle Stabilität in meinem Leben schaffen. Wie die meisten Menschen wollte auch ich in einem Haus leben, in dem ich mich wohlfühlte, und mir keine Gedanken um unbezahlte Rechnungen machen oder wie ich meine Kinder versorgen sollte. Aber ich bin in der Überzeugung aufgewachsen, dass mir das nur ein Ehemann bieten könne. Ich redete mir ein, nicht fähig oder intelligent genug zu sein, um aus eigener Kraft erfolgreich und finanziell unabhängig zu werden. Mit einundzwanzig Jahren verliebte ich mich Hals über Kopf in einen fünfundzwanzig Jahre älteren Mann. Ich war verrückt nach ihm, und die zwei Jahre, die wir zusammen waren, kamen mir damals wie ein Märchen vor. Ich fühlte mich bei ihm sicher und geliebt, und ich lernte von ihm vieles, das mich zu dem Menschen machte, der ich heute bin. Er war unglaublich erfolgreich und wohlhabend und ermöglichte mir einen Lebensstil, den ich mir nicht hätte leisten können. Das bestätigte meinen einschränkenden Glaubenssatz, jemanden zu brauchen, der mich unterstützte. Mein ganzer Selbstwert und mein Selbstbewusstsein waren von ihm abhängig, und als die Beziehung abrupt endete, war ich emotional völlig am Ende und geriet in eine Identitätskrise.

Vor dem Manifestieren nutzte ich alle meine Beziehungen, um mich bestätigt zu fühlen. In meiner Vorstellung war ich immer nur so gut wie der Mann, mit dem ich zusammen war, und mein Selbstwert hing direkt von dem Menschen ab, neben dem ich einschlief.

Damals war mir nicht bewusst, dass ich in diesem Muster gefangen war, aber es ist nicht verwunderlich, dass ich in dieser Zeit so gut wie kein eigenes Geld verdiente. Ich war nicht in der Lage, einen Job zu finden, und hatte keine Richtung, kein Ziel und keine Motivation. Meine Ängste und Zweifel hinderten mich daran, Arbeit oder finanzielle Unabhängigkeit zu manifestieren und meine eigene Kraft zu entfalten. Kurz nachdem ich das Manifestieren für mich entdeckt hatte, lernte ich Wade kennen; heute ist er der Vater meines Kindes und mein bester Freund. Dieses Mal war ich einem Menschen begegnet, der mir ebenbürtig war. Er war niemand, von dem ich mir Bestätigung erhoffte oder der mir ein Schlupfloch anbot, um aus meiner Welt zu entfliehen, indem er mich in seine mitnahm. Stattdessen gab mir Wade etwas viel Magischeres: tiefe emotionale Unterstützung, bedingungslose Liebe und die Freiheit, ganz und gar ich selbst zu sein. Die Begegnung mit Wade war das Beste, was mir je passiert ist, und das nicht nur wegen unseres wunderbaren Sohnes. Er bestärkte mich darin, ein wertvoller Mensch zu sein, und ohne ihn wäre ich wohl nicht so zielstrebig und fokussiert gewesen, um meine Karriere erfolgreich voranzutreiben.

Als ich mehr und mehr manifestierte, begriff ich irgendwann, dass ich selbst in der Lage war, mir die finanzielle Stabilität und Bestätigung zu verschaffen, von der ich immer geträumt hatte. Ich brauchte niemanden, der das für mich tat. Mir wurde klar, dass das Einzige, was mich bisher davon abgehalten hatte, Ängste und Zweifel waren. Angst, nicht klug, wertvoll oder gut genug zu sein, und der unterbewusste, durch meine Erziehung und die Medien geschürte Zweifel daran, dass eine Frau in der Lage ist, eine erfolgreiche Karriere aufzubauen. Ich arbeitete mich durch alle Ängste und Zweifel und nahm mir vor, sie zu besiegen. Zwischen 2018 und 2020 hat sich mein Einkommen verzehnfacht. Jetzt, wo ich diese Zeilen schreibe, kann ich mit Stolz sagen, dass ich mir die finanzielle Stabilität geschaffen habe, von der ich als Kind geträumt habe. Ich kann mit meinem Sohn in den Urlaub fahren, kann meine Rechnungen bezahlen, ohne mir Sorgen zu machen, und ich kann die Menschen verwöhnen, die ich am meisten liebe. Die Kraft war immer in mir vorhanden, ich musste sie nur freisetzen.

ÄNGSTE UND ZWEIFEL ERKENNEN

Überleg dir, was du in dein Leben ziehen möchtest, und verpflichte dich dir selbst gegenüber, dir offen und ehrlich alle Ängste und Zweifel einzugestehen, die deine Fähigkeit zum Manifestieren beeinträchtigen könnten. Frag dich:

- Glaube ich wirklich, dass ich es wert bin?
- Vertraue ich wirklich darauf, dass ich es schaffen kann?
- Glaube ich wirklich, dass es mir gelingt?
- Welche Unsicherheiten empfinde ich jetzt in Bezug auf das Manifestieren?
- Welche begrenzenden Glaubenssätze blockieren mich?

Ich lade dich ein, dir einen Moment Zeit zu nehmen und an etwas zu denken, das du manifestieren möchtest. Stell es dir klar vor deinem geistigen Auge vor, und nimm dann die Ängste und Zweifel wahr, die bei der Vorstellung auftauchen, dass dein Wunsch erfüllt wird. Versuch, möglichst viele Ängste und Zweifel zu identifizieren, und schreib sie unten auf.

Hinweis: Egal, wie leise die innere Stimme ist, die dich daran hindert, voll und ganz an dich zu glauben, hol sie hervor und schreib deine Gedanken auf, auch wenn sie sich irrational oder unlogisch anfühlen. Je besser du deine Ängste und Zweifel kennst, desto leichter fällt es dir, sie loszulassen.

Was will ich manifestieren?

Welche Ängste und Zweifel nehme ich wahr?

Sieh dir die Ängste und Zweifel an, die du gerade identifiziert hast, und mach dir Folgendes klar: **Genau diese einschränkenden Glaubenssätze und Unsicherheiten hindern dich derzeit daran, dein bestes Leben zu führen.** Je mehr sie dir bewusst werden, desto weniger Macht haben sie über dich. Bewusstheit ist immer der Ausgangspunkt für jede Art von Persönlichkeitsentwicklung. Mit dieser Übung und der Identifizierung deiner begrenzenden Glaubenssätze hast du bereits den ersten Schritt zu ihrer Heilung vollzogen.

Ich empfehle dir, diese Übung für jedes einzelne Ziel zu wiederholen, das du manifestieren willst, oder um Blockaden zu erkennen, wenn du das Gefühl hast, beim Manifestieren nicht weiterzukommen. Beobachte deine Gedanken aufmerksam, und nimm wahr, wenn die Stimmen der Unsicherheit zu sprechen beginnen. Je schneller du sie identifizierst, desto einfacher kannst du sie loslassen.

BEFREI DICH VON ÄNGSTEN UND ZWEIFELN

Zur aktiven Persönlichkeitsentwicklung gehört, sich von Ängsten und Zweifeln zu befreien. Diese Arbeit müssen wir jeden Tag aufs Neue angehen: einschränkende Glaubenssätze auflösen, unseren Wert erkennen, unser Potenzial freisetzen und das Selbstvertrauen zurückgewinnen, mit dem wir geboren wurden. Mithilfe der inneren Arbeit gestalten wir erfolgreich die Dinge, die wir uns erträumen. Auf diese Weise können wir ein Leben führen, das nicht durch

Unsicherheiten begrenzt wird, sondern das sich durch die Kraft des Universums voll entfaltet. Wie machen wir das? Unter den unzähligen Möglichkeiten, wie wir Ängste und Zweifel heilen können, finde ich die folgenden vier Techniken besonders effektiv und möchte sie mit dir teilen:

1. Kontrolliere deine Gedanken.
2. Achte auf deine Sprache.
3. Sprich Mantren.
4. Visualisiere regelmäßig.

> **Hinweis:** Vielleicht sind bei dir manche Ängste und Zweifel auf ein Trauma zurückzuführen, oder du fühlst dich aus anderen Gründen damit überfordert, sie allein zu bearbeiten. Wenn das der Fall ist, kann in Ergänzung zu den folgenden Vorschlägen die Zusammenarbeit mit einer Therapeutin, einem ganzheitlichen Heiler, einer Psychiaterin, Psychologin oder einem anderen Ansprechpartner im Bereich der psychischen Gesundheit eine notwendige und wertvolle Investition sein.

1. Kontrolliere deine Gedanken

Ich habe dieses Kapitel mit einer wichtigen Lektion begonnen: Wir manifestieren nicht nur durch unsere bewussten Gedanken, sondern auch durch unsere unterbewussten

Überzeugungen darüber, was wir verdienen. Das ist zwar richtig, aber wir dürfen die Macht unserer Gedanken und den Einfluss, den sie ständig auf unser Unterbewusstsein ausüben, nicht unterschätzen.

> DAS UNTERBEWUSSTSEIN FOLGT DEM BEWUSSTSEIN, DAS HEISST: WAS AUCH IMMER WIR BEWUSST DENKEN, BEWERTET DAS UNTERBEWUSSTSEIN ALS WAHRHEIT.

Wie sprichst du mit dir selbst über dich? Die meisten Menschen haben eine Stimme im Kopf, die ziemlich unfreundlich über sie redet. Sie behauptet, sie seien wertlos, nicht liebenswert, dumm, ekelhaft, langweilig und was ihr sonst noch einfällt, um sie zu entmutigen. Diese Stimme ist Ausdruck von Ängsten und Zweifeln.

In meinen Webinaren mache ich eine Übung, bei der ich alle Teilnehmer*innen bitte, etwas Nettes zu sich selbst zu sagen. Ich ermuntere sie zum Beispiel dazu, in Gedanken oder laut zu wiederholen: »Ich bin wunderbar, ich bin wunderschön. Die Menschen in meinem Leben sind glücklich, mich zu haben. Ich bin perfekt, so wie ich bin. Ich liebe mich selbst.« Im Anschluss daran frage ich alle, wie sie sich bei dieser Übung gefühlt haben. Die meisten sagen, dass sie es albern fanden und sich unwohl dabei fühlten, so mit sich selbst zu sprechen, auch wenn ihnen niemand zuhören konnte. Dann bitte ich sie, Sätze zu sagen wie: »Ich bin wertlos, ich bin nicht gut genug«, und frage erneut, wie sich das angefühlt hat. Das sei viel zu einfach gewesen, meinen sie dann. Damit möchte ich demonstrieren, wie natürlich und mühelos es für uns ist, auf einschränkende Weise mit uns umzugehen, und wie unnatürlich und herausfordernd es sich anfühlt, mit Liebe und Respekt mit uns selbst zu sprechen.

Ich kann das gut nachempfinden, denn ich habe zwei Jahrzehnte damit verbracht, in den Spiegel zu schauen und mir Sätze an den Kopf zu werfen wie: »Du bist hässlich, du bist eine Versagerin, du bist unglücklich, du wirst nie gut genug sein.« Ich verbrachte jeden Tag damit, mich dafür zu beschimpfen, dass ich einfach ich selbst bin, und meine innere Stimme nährte mein verheerend niedriges Selbstwertgefühl. Ich verlieh meiner Unsicherheit eine Stimme, und mit dieser Stimme wurde sie immer noch stärker. Irgendwann war ich einfach nur noch erschöpft und hatte nicht mehr die Energie, mich weiter selbst zu beschimpfen. Vielleicht geht es dir auch so. Mir wurde klar, dass ich niemals in der Lage sein würde, meine Kraft voll zu entfalten, um das Leben meiner Träume zu verwirklichen, wenn ich weiterhin so mit mir selbst sprach.

Ich entschied mich, für mich selbst einzutreten und meine eigene Cheerleaderin zu werden. Ich tat es, auch wenn es sich erst mal nicht sehr angenehm anfühlte. Ich sagte nette und liebevolle Dinge zu mir, weil ich wusste, dass mein Unterbewusstsein sie hören und für wahr halten würde, auch wenn das bei mir bewusst ganz und gar nicht der Fall war. Sobald ich aber unterstützende Gedanken dachte, die mir Kraft gaben, spürte ich, wie sich mein Selbstvertrauen veränderte. Wenn ich merkte, dass ich etwas Negatives oder Begrenzendes sagen wollte, hielt ich mich zurück und sagte stattdessen etwas wie: »Du machst das toll. Du kannst alles erreichen, was du dir vornimmst. Du bist stark. Du kannst das schaffen. Es ist okay.« Ich wusste, dass die Kraft meiner positiven Gedanken meine Manifestationskraft verstärkte. Innerhalb eines Monats war das positive Denken ganz selbstverständlich für mich geworden, und nach zwei Monaten wurde es zu meiner führenden inneren Stimme. Allmählich glaubte ich es und meinte es auch so, wenn ich zu mir sagte: »Du hast es geschafft.« Oder: »Du kannst stolz auf dich sein.« Ich kontrollierte meine Gedanken, um Ängste und Zweifel zu besiegen. Und nun fordere ich dich und alle, die das hier lesen, auf, ebenfalls eure eigenen Cheerleader zu sein.

> WEIL WIR WISSEN, DASS WIR MITHILFE UNSERES UNTERBEWUSSTSEINS MANIFESTIEREN KÖNNEN, MÜSSEN WIR UNSER BEWUSSTSEIN NUTZEN, UM UNBEWUSSTE GLAUBENSSÄTZE ZU VERÄNDERN. FÜTTERN WIR ALSO DAS UNTERBEWUSSTSEIN MIT GEDANKEN DER ERMUTIGUNG UND BESTÄRKUNG, UM UNSER SELBSTVERTRAUEN UND UNSERE MANIFESTATIONSKRAFT ZU STÄRKEN!

Unsere Gedanken formen unsere Realität auch auf eine andere Weise. In der Einleitung habe ich erklärt, dass Gedanken Emotionen erzeugen und dass die verschiedenen Emotionen unterschiedliche Schwingungsfrequenzen haben. Indem wir unsere Gedanken kontrollieren, beeinflussen wir unseren emotionalen Zustand, und dadurch verändern wir unsere Schwingung. Wenn wir unsere Schwingung verändern, verändern wir auch unsere Realität.

Wenn wir uns also bewusst dafür entscheiden, positive und ermutigende Gedanken zu denken, die hoch schwingende Emotionen (wie Zuversicht, Begeisterung und Hoffnung) auslösen, ziehen wir durch das Gesetz der Anziehung mehr Reichtum in unser Leben. Wenn wir jedoch zulassen, dass sich Ängste und Zweifel ständig in Form einer negativen Stimme oder eines inneren Kritikers äußern, verringern sie unser Selbstwertgefühl, lösen Emotionen mit niedriger Schwingung aus (wie Angst, Scham, Verzweiflung oder auch Sorgen) und blockieren unsere Manifestationen.

Wir können immer nur einen Gedanken denken. Als ich das erste Mal davon hörte, habe ich mich darüber gewundert, dass mir etwas so Offensichtliches bisher noch nie aufgefallen war. Wenn wir immer nur einen Gedanken haben, dann können wir doch sicher auch einfach einen negativen Gedanken durch einen positiven ersetzen, oder? Die Antwort lautet: Ja.

Aber wir sind Gewohnheitstiere, nicht nur in dem, was wir tun, sondern auch in der Art, wie wir denken. Die National Science Foundation, eine US-amerikanische Forschungseinrichtung, hat herausgefunden, dass wir im Durchschnitt bis zu 60 000 Gedanken pro Tag haben. Davon sind etwa 80 Prozent negativ, und über 90 Prozent wiederholen sich. Um die sich wiederholenden negativen und einschränkenden Denkmuster aufzulösen, müssen wir konsequent daran arbeiten und **uns immer wieder dafür entscheiden, unseren Geist durch positive Gedanken zu nähren.** Nimm dir das genauso ernsthaft vor, als ob du dir eine neue Lebensweise angewöhnen möchtest. Immer, wenn du denkst: »Was ist, wenn es nicht funktioniert?«, fragst du dich: »Was ist, wenn es funktioniert?« Statt zu sagen: »Ich bin nicht gut genug«, sagst du: »Ich bin perfekt, so wie ich bin.« Stell dir nicht das schlimmste Ergebnis vor, sondern das beste. Denk daran: Du hast die Wahl, also entscheide dich für Gedanken, die dich weiterbringen, statt dich zu behindern.

> ERLAUBE NEGATIVEN GEDANKEN NICHT, FREI, UNREGULIERT UND UNKONTROLLIERT HERUMZUSPUKEN. ÜBERNIMM DIE VERANTWORTUNG FÜR SIE UND LERN, DEINE GEDANKEN SO ZU STEUERN, DASS SIE FÜR UND NICHT GEGEN DICH ARBEITEN.

Um unsere Ängste und Zweifel zu überwinden, können wir nicht nur Gedanken ersetzen, sondern auch **unsere Perspektive ändern.** Egal, was wir erleben, wir haben immer Wahl, durch welche Linse wir es betrachten wollen. Unsere Sichtweise wird in der Regel von unserer Stimmung, von Erwartungen, früheren Erfahrungen, unserem Glaubenssystem und vom Selbstwertgefühl bestimmt. Deshalb können zwei Menschen zwar genau dieselbe Situation erleben, sie aber ganz unterschiedlich wahrnehmen. Du kennst das bestimmt von Restaurantbesuchen mit Freunden: Beim Hinausgehen sagt jemand, dass das ein wunderschöner Abend war, während eine andere Person das Restaurant als zu laut, das Essen als durchschnittlich und das Personal als unaufmerksam empfand. Oder ein anderes Beispiel: Hast du schon mal eine E-Mail gelesen, als du schlecht gelaunt warst, und dich persönlich angegriffen gefühlt und geärgert? Und hast du beim erneuten Lesen am nächsten Tag gemerkt, dass du sie völlig falsch interpretiert hast?

Unsere Sichtweise wird von vielen äußeren Faktoren beeinflusst, aber wir haben immer die Möglichkeit, die Perspektive einzunehmen, die für uns am besten ist. Tatsächlich arbeite ich sogar am meisten mit der Methode, meine Perspektive zu verändern, um Ängste und Zweifel zu überwinden, die sich im Laufe des Tages einschleichen. Erst letzte Woche habe ich zum Beispiel meine Schwester angerufen, um ihr zu erzählen, wie enttäuscht und verärgert ich sei, weil einer meiner Artikel nicht veröffentlicht wurde. Mein innerer Kritiker versuchte mir einzureden, dass meine Arbeit nicht gut genug wäre und dass die Redaktion deshalb beschlossen habe, mich nicht mehr zu engagieren. Nachdem ich dies laut ausgesprochen hatte, erinnerte ich mich daran, dass ich die Möglichkeit hatte, eine andere Perspektive einzunehmen. Deshalb konzentrierte ich mich darauf, wie stolz ich darauf war, den Artikel geschrieben zu haben, und wie dankbar ich war, überhaupt gefragt worden zu sein. Mir fielen drei weitere Gründe ein, warum der Artikel noch nicht veröffentlicht worden war, die alle nichts mit mir zu tun hatten: Die Redaktion hat die E-Mail noch gar nicht gelesen; erst müssen andere Artikel veröffentlicht werden; man hat beschlossen, mit dem Artikel eine neue Richtung einzuschlagen. Innerhalb weniger Minuten gab ich meine negative Sichtweise auf und nahm eine positive Perspektive ein. Mein Artikel wurde übrigens am nächsten Tag veröffentlicht.

Wenn du erkennst, dass du eine Situation aus einer Position der Angst und des Zweifels heraus interpretierst, dann frag dich: »Welche andere Perspektive könnte ich wählen? Wie könnte ich mein Denken verändern?«

Ein Beispiel: Du hast dich mit jemandem zu einem Date verabredet, und am Tag danach hörst du nichts von ihm oder ihr. Jetzt hast du die Wahl, wie du das betrachtest: Lässt du zu, dass Ängste und Zweifel deine Sichtweise bestimmen, und fragst du dich vielleicht, was du falsch gemacht oder gesagt hast? Nimmst du jedoch eine positivere Perspektive ein, könntest du in Betracht ziehen, dass dein Gegenüber vielleicht noch nicht so weit ist, einen neuen Menschen in sein Leben einzuladen, dass ihr beide einfach nicht zusammenpasst und dass du dich immer noch darauf freuen kannst, deinen Seelenpartner zu treffen.

> DENK DARAN: WIR MANIFESTIEREN, WOVON WIR GLAUBEN, ES VERDIENT ZU HABEN.

Mach dir deine Gedanken bewusst, und entscheide dich dann dafür, deine Ängste und Zweifel durch Gedanken und Perspektiven zu ersetzen, die deinen Selbstwert und dein Selbstvertrauen steigern.

2. Achte auf deine Sprache

Die Sprache, die wir sowohl in Gedanken als auch verbal nutzen, strömt ungefiltert in unser Unterbewusstsein. Eine unregulierte Sprache arbeitet genau wie unkontrollierte Gedanken gegen uns, indem sie unsere Ängste und Zweifel schürt. Es gibt ein paar einfache Möglichkeiten, wie du deine Sprache nutzen kannst, um effektiver zu manifestieren:

Ersetze »falls« durch »sobald«. Im Zusammenhang mit den Dingen, die wir manifestieren wollen, oder mit den Zielen, die wir erreichen möchten, verwenden wir oft das Wort »falls«: »Falls ich diesen Job bekomme …« oder »Falls ich jemanden kennenlerne …«. Dieses Wörtchen signalisiert aber dem Universum Unsicherheit und mangelndes Vertrauen darauf, dass etwas wirklich eintreten wird. »Falls« betont deinen Zweifel, aber aus einer Position des Zweifels heraus gelingt es dir nicht, zu manifestieren. Bitte sag ab sofort stattdessen »sobald«, wie zum Beispiel: »Sobald ich meinen neuen Job habe …« oder »Sobald ich meinen perfekten Partner treffe …«.

Sobald du mit einer Sprache über deine Zukunft sprichst, die Sicherheit ausstrahlt, wird dein Unterbewusstsein darauf reagieren und alles darauf ausrichten, dass du dieses Ziel erreichst.

Sag, was du haben willst. Wenn du mir von etwas erzählst, das du ganz und gar nicht willst, musst du dir erst einmal vorstellen, wie es sich anfühlen würde, wenn genau das einträfe.

Wenn wir über etwas sprechen, das wir nicht haben wollen, erlebt es unser Unterbewusstsein trotzdem geistig und emotional. Wie wir inzwischen wissen, verändert sich dadurch unsere Schwingung in Richtung der imaginierten unerwünschten Erfahrung – und das ist es, was wir dann anziehen. Je mehr wir also darüber reden, was wir nicht wollen, desto mehr wird es in Erscheinung treten.

Gib stattdessen an, was du wirklich *willst.* Statt zum Beispiel zu sagen: »Ich will keine Schulden mehr haben«, sag: »Ich will finanzielle Freiheit.« Statt »Ich hasse es, Single zu sein«, sagst du: »Ich freue mich darauf, eine gesunde, liebevolle Beziehung zu führen, wenn die Zeit reif ist.«

Fokussiere deine Energie ganz bewusst auf das, was du dir für dein Leben wünschst, um es zu manifestieren, und nicht auf eine Situation, die du befürchtest oder von der du hoffst, dass sie nicht eintritt.

Achtsamer Sprachwechsel. Es gibt eine Sprache, die uns bestärkt, und eine, die uns einschränkt. Es kommt ganz auf die Sprache an, die wir verwenden. Sobald wir uns unserer Sprache bewusster werden, können wir einige einfache, aber wirksame Sprachwechsel vornehmen, um unsere Manifestationskraft zu steigern. Ertappst du dich zum Beispiel bei der Aussage: »Ich kann das nicht« oder »Das ist zu schwer«, dann sag stattdessen: »Ich werde einen Weg finden, das zu schaffen.« Denk daran, dass dein Unterbewusstsein, der Ort, von dem aus du manifestierst, deinem bewussten Verstand gehorcht und auf die Sprache hört, die du verwendest.

Einer meiner Klienten hatte große Angst, vor anderen zu sprechen. Er erzählte mir, dass er vor jeder Teambesprechung am Montagmorgen schwitzige Hände bekam und ihm heiß und kalt wurde bei dem Gedanken, gleich seinen Vortrag halten zu müssen. Seine Angst war so erdrückend, dass sogar seine Wochenenden davon überschattet waren.

In unseren Gesprächen benutzte er immer wieder Sätze wie »Ich hasse es, in der Öffentlichkeit zu sprechen«, »Ich spreche undeutlich« oder »In Teambesprechungen bin ich einfach miserabel«. Mit dieser einschränkenden Sprache nährte er seine Ängste, aber diese Art zu sprechen lief schon so automatisch ab, dass er sich dessen nicht einmal bewusst war. Ich ermutigte ihn, in der nächsten Woche darauf zu achten, wenn er einen dieser Sätze verwenden wollte, und stattdessen zu sagen: »Ich liebe es, meine Ideen mit anderen zu teilen« oder »Ich bin dankbar, zu einem Team zu gehören, das mir zuhört« oder »Ich bin ein wirklich selbstbewusster Redner«. Ich erklärte ihm, dass es in Ordnung sei, wenn es sich ein wenig unangenehm anfühlte, so etwas zu sagen, aber dass er sich trotzdem zu dieser Übung verpflichten sollte. Nach der nächsten Teambesprechung erzählte er mir, dass seine Stimme zwar in den ersten Sekunden zitterte, er es aber schaffte, seinen Vortrag zu beenden, ohne wie sonst über seine Worte zu stolpern. Ich konnte sehen, wie stolz er auf sich war, als er mir das erzählte, und ich war ebenfalls sehr stolz auf ihn. Er fuhr mit seinen Übungen fort, und in der Woche darauf sagte er mir, dass er sich sehr auf das Treffen am Montag freue, um dem Team etwas Neues mitzuteilen.

Durch die Veränderung seiner Ausdrucksweise konnte er seine Ängste und Zweifel überwinden und sein Selbstwertgefühl in Bezug auf öffentliches Reden steigern. Wenn wir unsere Sprache ändern, dann verändern wir auch unsere Erfahrungen.

Hier sind einige Beispiele für einfache Sprachwechsel, die du ausprobieren kannst:

Niedrige Schwingung/ niedriges Selbstwertgefühl		Hohe Schwingung/ hohes Selbstwertgefühl
»Ich kann das nicht.«	→	»Ich kann alles tun, was ich mir vornehme.«
»Ich werde nie erfolgreich sein.«	→	»Ich werde mein Bestes geben – und das ist ausreichend.«
»Ich weiß nicht, wie das geht.«	→	»Ich kann um Hilfe bitten, um zu verstehen, wie das geht.«
»Ich bin nicht gut genug.«	→	»Ich kann alles.«
»Das funktioniert nicht.«	→	»Alles wird genauso funktionieren, wie es sein soll.«
»Ich habe Angst zu versagen.«	→	»Ich freue mich darauf, es auszuprobieren.«

Mach dir bewusst, welche Sprache du verwendest, und ändere sie, wo immer es möglich ist, um dein Unterbewusstsein mit nährenden Gedanken zu füttern, die dein Selbstwertgefühl, dein Selbstvertrauen und deine Fähigkeit, Fülle in dein Leben zu ziehen, stärken.

Nimm Komplimente an. Viele von uns sind in dem Glauben aufgewachsen, dass wir arrogant, eitel oder angeberisch wirken, wenn wir uns selbstbewusst äußern. Also haben wir uns eine selbstabwertende Sprache angewöhnt und gelernt, uns selbst herunterzumachen, um sympathischer zu wirken. Denk mal darüber nach, wie du reagierst, wenn dir jemand ein Kompliment macht oder dir zu deinen Leistungen gratuliert: Wie oft hast du darauf mit Ablehnung, Einwänden oder einer Geringschätzung deines Erfolgs reagiert?

Das ist eine ganz natürliche Art, auf Komplimente zu reagieren, aber es schadet deinem Selbstwertgefühl mehr, als du vielleicht denkst. Wenn ein Freund oder eine Freundin zu dir sagt: »Wow, du siehst heute wirklich strahlend aus«, und du antwortest: »Nein, ich sehe schrecklich aus«, sendest du deinem Unterbewusstsein die Botschaft, dass du tatsächlich schrecklich aussiehst. Indem wir die Komplimente und das Lob, das wir von anderen erhalten, zurückweisen, zerstören wir nach und nach unseren eigenen Selbstwert. Verpflichte dich von nun an zu mehr Offenheit und Dankbarkeit, wenn dir jemand ein Kompliment macht. Nimm dir einen Moment Zeit, um wirklich hinzuhören, und antworte mit nichts anderem als diesem magischen Wort: »Danke.«

Wenn wir uns dafür öffnen, Liebe oder Lob von anderen anzunehmen, verändern wir gleichzeitig unsere unterbewussten Überzeugungen darüber, was wir verdienen. Ich liebe diese einfache und effektive Veränderung!

3. Sprich Mantren

Ein Mantra ist eine heilige Silbe, ein Wort, ein Vers oder ein Klang, den du jederzeit laut oder im Geist wiederholen kannst, um dein Bewusstsein zu erweitern, Stress abzubauen und deine Schwingung zu erhöhen.

Wenn ich über die Verwendung von Mantren im Zusammenhang mit dem Manifestieren spreche, meine ich eine positive, bestätigende Bedeutung wie: »Ich bin es wert.«

Mit einem Mantra senden wir positive Botschaften an unser Unterbewusstsein und ersetzen negative Gedanken. Sollten sich zum Beispiel deine Ängste und Zweifel in dem Gedanken »Du bist nicht gut genug« bemerkbar machen, kannst du ihn durch das Mantra »Ich bin perfekt, genauso wie ich bin« überschreiben.

Sobald wir Mantren in unsere tägliche Routine einbauen, indem wir sie zum Beispiel jeden Morgen oder jeden Abend vor dem Schlafengehen wiederholen, wird unser Unterbewusstsein umprogrammiert, da es regelmäßig mit positiver und ermutigender Sprache genährt wird.

Mantren gehören zu meinen absoluten Lieblingstechniken für die Selbstentwicklung, und ihre Integration in mein Leben war ein wesentlicher Schritt auf meiner eigenen Manifestationsreise. Jedes Mal, wenn ich ein Mantra laut oder im Geist wiederhole, fühle ich mich sofort zentrierter und gestärkt. Anfangs hielt ich Mantren allerdings für ziemlich befremdlich. Ich fand es albern und peinlich, mir zu sagen: »Ich bin es wert«, obwohl ich mich zu diesem Zeitpunkt überhaupt nicht wertvoll fühlte. Aber ich ließ mich trotzdem auf die Übung ein, weil ich wusste, dass sich dadurch etwas auf einer tieferen Ebene verändert: der Ebene des Unterbewusstseins, der Ebene, auf der wir manifestieren. Schon nach ein paar Tagen, an denen ich jeden Morgen nach dem Aufwachen diese bekräftigenden Worte wiederholte, fiel es mir leichter, sie auszusprechen, ohne dass ich mich dabei unwohl fühlte. Innerhalb einer Woche konnte ich meine Aufmerksamkeit ganz auf die Worte richten und spürte, wie sich meine gesamte Energie veränderte. Jetzt vergeht kein Tag mehr, an dem ich nicht ein Mantra spreche. Ich wiederhole morgens mehrere Mantren, um meinen Tag bestmöglich zu beginnen, und ich nutze sie auch, wenn ich einen Energieschub brauche.

Probiere es aus: Schreib ein Mantra auf, und platziere es so, dass du es jeden Tag siehst, zum Beispiel als Bildschirmschoner oder einen Zettel an deinem Badezimmerspiegel. Jedes Mal, wenn du es liest, wiederholst du es fünfmal. Ich ändere mein Mantra gern einmal pro Woche, damit ich genügend Zeit habe, die Botschaft in mein Unterbewusstsein einfließen zu lassen.

Hier findest du einige Anregungen für Mantren, um sofort loszulegen. Such dir pro Woche ein oder zwei aus, und wiederhole sie jeden Morgen und jeden Abend fünfmal. Wenn du sie jetzt liest, wiederholst du sie ein paarmal langsam. Beobachte, wie schnell du deine Energie verändern kannst.

- »Ich liebe die Person, die ich heute bin.«
- »Ich habe unbegrenzte Möglichkeiten.«
- »Ich bin dankbar für alles, was ich habe.«
- »Ich liebe mein Leben.«
- »Ich fühle mich ruhig und in Frieden.«
- »Ich strahle Vitalität und Energie aus.«
- »Ich habe unendliche Fähigkeiten, alles zu manifestieren, was ich mir wünsche.«
- »Ich ziehe ständig Fülle in mein Leben.«

Eine Möglichkeit, wie wir Mantren nutzen können, um unser Unterbewusstsein neu zu programmieren, ist das Anhören von Affirmationstracks, die eine Reihe von Mantren in Dauerschleife wiederholen, meist begleitet von meditativer Musik. Ich empfehle dieses Tool allen meinen Klient*innen, weil Affirmationen kraftvoll und effektiv sind und uns auf unserer Manifestationsreise unterstützen. Wie wirken sie? Das Unterbewusstsein ist an drei wichtigen Momenten des Tages besonders empfänglich für positive Botschaften: beim Einschlafen, beim Aufwachen und wenn wir in einem meditativen Zustand sind. Das liegt daran, dass unser Gehirn dann mit den Alpha- und Thetawellen arbeitet, den optimalen

Frequenzen für Visualisierung, Kreativität und Lernen. Hörst du in dieser Zeit einen positiven Affirmationstrack an, kann dein Unterbewusstsein die positiven Botschaften am effektivsten aufnehmen. Durch regelmäßiges Wiederholen bilden sich neue neuronale Verknüpfungen im Gehirn, die eine kraftvolle und damit magnetische Denkweise begünstigen. Auf diese Weise werden negative und einschränkende Glaubenssätze, die auf Ängste und Zweifel zurückgehen, überschrieben.

Schon zu Beginn meiner Manifestationsreise habe ich positive Affirmationen beim Einschlafen angehört, und ich schlafe auch heute noch jede Nacht damit ein. Erst habe ich mir Tracks auf YouTube angehört; ich habe einfach den Suchbegriff »Affirmationen« eingegeben und diejenigen ausgewählt, mit denen ich mich am meisten verbunden fühlte. Jetzt nutze ich aber meine eigenen Tracks, die du auf meiner Website (www.roxienafousi.com) findest. Wenn du einen Track ausgewählt hast, den du magst, empfehle ich dir, eine Weile dabeizubleiben: Unser Gehirn wird nämlich auf einen bestimmten Track konditioniert, und sobald du auf »Play« drückst, weiß dein Hirn, dass es Zeit ist, sich zu entspannen, und du gelangst schneller in diesen empfänglichen meditativen Zustand.

Wenn du auf ein bestimmtes Ziel hinarbeitest, empfehle ich dir Affirmationstracks, die sich auf dieses Ziel konzentrieren. Strebst du zum Beispiel eine Beförderung an, solltest du dir zwei Wochen lang jeden Abend einen Affirmationstrack anhören, der dich in deinem beruflichen

Fortkommen unterstützt. Und wenn du deinen Seelenpartner manifestieren willst, solltest du einen Affirmationstrack mit dem Schwerpunkt Selbstliebe oder Beziehungen wählen.

4. Visualisieren üben

Wir kennen das Visualisieren bereits aus dem Kapitel »Schritt 1: Entwickle eine klare Vision«. Wir können es auch jetzt wieder als Hilfsmittel einsetzen, um Ängste und Zweifel zu überwinden.

Probier diese einfache Visualisierung aus:

DIE KUGEL AUS ANGST UND ZWEIFEL

Schließ deine Augen, und atme tief ein und vollständig aus. Achte dabei auf das Heben und Senken deines Bauches. Zähl beim Ein- und Ausatmen bis vier. Wiederhol diese tiefe Atmung, bis du merkst, dass dein Geist zur Ruhe kommt und dein Körper sich entspannt. Sobald du einen Zustand der Entspannung erreicht hast, visualisierst du deine Angst und deine Zweifel. Stell dir alle angstbesetzten Gedanken, Gefühle und Emotionen vor, die sich zu einer Kugel aus dunkler Materie zusammenballen. Stell dir vor, dass all deine Unsicherheiten, Sorgen und einschränkenden Glaubenssätze dazukommen. Dadurch wird die Kugel immer noch größer. Sieh sie klar vor dir, ein Abbild von allem, was dich von deiner vollen Kraft fernhält.

Stell dir nun bei jedem *Einatmen* vor, wie ein heller Lichtstrahl durch dich hindurchscheint und die Dunkelheit verdrängt. Bei jedem *Ausatmen* stellst du dir vor, wie die Kugel der Angst immer kleiner wird. Wiederhol dies so lange, bis sich die Kugel der dunklen Materie, der Angst und des Zweifels, in nichts aufgelöst hat. Dann öffnest du sanft deine Augen.

Ich liebe diese Visualisierungstechnik, weil du sie jederzeit und überall anwenden kannst. Selbst wenn dir ein kleiner Zweifel in den Sinn kommt, kannst du einfach die Augen schließen und dir vorstellen, wie du ihn mit der Kraft deines Atems beseitigst. Diese Technik ist besonders nützlich für alle, die sich von ihrer inneren Stimme regelrecht unterdrückt fühlen und denen die Kontrolle ihrer Gedanken oder die Verwendung von Mantren anfangs zu viel ist.

Eine meiner Klientinnen war frisch verheiratet und hatte große Schwierigkeiten, ihre Rolle in dieser Partnerschaft zu finden. Sie fühlte sich ständig unterschätzt, nicht wertgeschätzt und hatte das Gefühl, nicht die emotionale Unterstützung zu bekommen, die sie brauchte. Obwohl sie das wusste, war ihr innerer Kritiker so massiv, dass er sie daran hinderte, ihrem Partner mitzuteilen, was sie brauchte und erwartete, und das belastete ihre psychische Gesundheit. Sie kam zu mir, weil sie Hilfe dabei benötigte, einige ihrer einschränkenden Glaubenssätze in Bezug auf Liebe und Beziehungen abzulegen, und um sich in ihrer Ehe wohler zu fühlen. Doch schon in der ersten Sitzung wurde mir klar, dass ihr innerer Kritiker übermächtig war und es für sie wirklich entmutigend und schwierig sein würde, ihre begrenzenden Gedanken durch ermutigende zu ersetzen. Deshalb bat ich sie, diese Visualisierungstechnik zwei Wochen lang täglich durchzuführen. Danach hatte sie es geschafft, ihren Ängsten und Zweifeln so viel ihrer Macht zu nehmen, dass sie in der Lage war, weitere Methoden anzuwenden, zum Beispiel Mantren und den Sprachwandel. Innerhalb von sechs Wochen hatte sie gelernt, ihre eigene Stimme zu finden und zu gebrauchen. Sie teilte ihrem Partner endlich ihre Bedürfnisse auf gesunde Weise mit und fühlte sich persönlich und in ihrer Partnerschaft gestärkt.

Ängste und Zweifel können wir auch durch Visualisieren abbauen: So wie wir mithilfe unserer Gedanken eine andere Perspektive einnehmen können, lassen sich auch die Bilder, die wir im Kopf durchspielen, durch Visualisierung verändern. Wie oft ertappst du dich dabei, dass du dir Horrorszenarien ausmalst? Oder dass deine schlimmsten Ängste wahr werden? Das ständige Imaginieren solcher Situationen senkt unsere Schwingungsfrequenz und nährt unsere Sorgen, Unsicherheiten und Zweifel. Nutz die Kraft der Visualisierung, um solche Szenarien durch Bilder ihrer bestmöglichen Version zu ersetzen, so als ob du den Fernsehsender wechseln würdest. Angenommen, du möchtest an deiner Traumuniversität angenommen werden. Wenn dir deine Angst und deine Zweifel vorgaukeln, dass du die Prüfungen nicht bestehst oder einen Brief mit schlechten Nachrichten erhältst, dann schalt um. Stell dir bildlich vor, dass du die Prüfung bestehst und die gute Nachricht erhältst, auf die du gewartet hast, und wie du dich in diesem Moment fühlen wirst. Spiel diese perfekte Version immer wieder durch.

Visualisierungen sind ein fester Bestandteil deines Manifestationswerkzeugs. Nutze sie, um eine klare Vision zu schaffen, um Ängste und Zweifel zu beseitigen, um dir ein Best-Case-Szenario vorzustellen und um deine Schwingung zu erhöhen.

> UNSER VERSTAND HAT EINE UNGLAUBLICHE KRAFT. ER IST SOWOHL DIE URSACHE ALS AUCH DAS HEILMITTEL UNSERER ÄNGSTE UND ZWEIFEL.

Mit den Begriffen »Angst« und »Zweifel« umschreibe ich alles, was unser geringes Selbstwertgefühl, unsere Unsicherheiten und die begrenzenden Glaubenssätze nährt, die uns daran hindern, unsere Träume zu verwirklichen.

Wie bereits erwähnt, ist das Auflösen von Ängsten und Zweifeln ein kontinuierlicher Prozess, und ich erinnere die Menschen immer wieder, daran zu arbeiten. Solltest du bei einer Manifestation das Gefühl einer Blockade haben, dann frag dich, welche Ängste und Zweifel dich noch immer daran hindern, dein Ziel zu erreichen. An dieser Stelle muss ich erwähnen, dass dies wahrscheinlich der schwierigste Schritt von allen ist: Er zwingt uns nämlich dazu, verwundbar zu sein und auf all die Erfahrungen und Erinnerungen zurückzublicken, die vielleicht zu den Blockaden geführt haben.

Aber die Mühe lohnt sich! Und wenn du erst einmal damit begonnen hast, diese Blockaden zu beseitigen, wird der Weg frei, um die unendliche Fülle zu empfangen, die das Universum für dich bereithält.

Die vier Methoden dieses Kapitels sind nur einige der Werkzeuge, die du im Alltag anwenden kannst. Ich ermutige dich aber, weitere Techniken für deine persönliche Entwicklung auszuprobieren, die dich auf dem Weg zur Stärkung deines Selbstwertgefühls unterstützen.

Jetzt kommen wir zu der vielleicht mächtigsten Methode, mit der wir Angst und Zweifel bekämpfen können; sie zieht sich durch alle Schritte des Manifestierens: die Selbstliebe.

ENTWICKLE UND PRAKTIZIERE SELBSTLIEBE

Selbstliebe ist die treibende Kraft des Manifestierens.

Beim Schreiben dieses Buches habe ich immer wieder überlegt, an welcher Stelle ich über Selbstliebe sprechen sollte. Sie ist kein eigenständiger Schritt, und immer, wenn ich sie in einen der sieben Schritte einfügen wollte, hatte ich das Gefühl, ihr nicht die ihr angemessene Aufmerksamkeit zuteilwerden zu lassen. Mir wurde allmählich klar, dass ich der Selbstliebe einen eigenen Abschnitt widmen sollte, denn sie ist viel mehr als nur einer der Schritte in diesem Prozess: Sie bildet das Fundament, auf dem alle Schritte beruhen.

Deine Manifestationskraft steigert sich ins Unendliche, wenn du Selbstliebe entwickelst und praktizierst. Sie verleiht dir die Kraft, ins Licht zu treten, über dich selbst hinauszuwachsen und der Fülle in deinem Leben Raum zu geben. Selbstliebe signalisiert dem Universum: »Ich bin es wert, geliebt zu werden, ich verdiene Erfolg, ich bin bereit, meine Träume zu leben.« Und genau das wirst du auch erhalten.

Wenn wir uns selbst lieben, nehmen wir wirklich alles an, was uns ausmacht. Wenn wir uns selbst lieben, erheben wir uns über Ängste, Zweifel, Unsicherheiten und begrenzende Glaubenssätze und schöpfen unser volles Potenzial aus. Es gibt kein größeres Geschenk, das wir uns selbst machen können, als das der bedingungslosen Selbstliebe.

Ohne Selbstliebe kannst du nicht manifestieren. Es bringt nichts, ein Vision Board zu erstellen und über das Leben zu sprechen, von dem du träumst, wenn du jeden Tag respektlos mit dir selbst umgehst. Also, was brauchst du, um Selbstliebe zu pflegen und dadurch deine Manifestationskraft voll zu entfalten?

Klären wir zuerst, was Selbstliebe wirklich bedeutet:

- Selbstliebe bedeutet, dass du dein eigenes Wohlbefinden und Glück wirklich wertschätzt.
- Selbstliebe bedeutet, dass du für dich selbst eintrittst.
- Selbstliebe bedeutet, Urteile, Reue und negative Selbstgespräche abzulegen.
- Selbstliebe bedeutet, die authentischste Version von dir selbst zu sein.
- Selbstliebe bedeutet, dass du dir selbst das gleiche Maß an Freundlichkeit, Geduld und Vergebung entgegenbringst, das du anderen so großzügig gewährst.

Es gibt unzählige Möglichkeiten, Selbstliebe zu praktizieren: Wir können uns bewusst darum bemühen, mehr Selbstachtung, mehr Respekt und mehr Selbstdisziplin zu üben und zu zeigen. Wir können uns gesunde Grenzen setzen, wir können Dinge loslassen, die uns nicht mehr dienen, wir können achtsam mit uns selbst umgehen. Um Selbstliebe zu praktizieren, können wir unseren Körper, unseren Geist und unsere Seele mit guter Nahrung und mit nährenden Gedanken und Ideen versorgen. Wir können anfangen, Nein zu sagen zu den Dingen, die wir nicht tun wollen. Wir können mehr von den Dingen tun, die uns glücklich machen. Wir können meditieren, ein Tagebuch führen, Sport treiben, unsere Haut pflegen, mehr schlafen und mehr Wasser trinken. Wir können uns selbst mehr Mitgefühl und Freundlichkeit schenken. Wir können uns einen Bereich schaffen, in dem wir all das entdecken, was uns einzigartig macht. Wir können auf freundliche, bestärkende und unterstützende Weise mit uns selbst sprechen. Ach, ich könnte ein ganzes Buch über die unendlich vielen Formen der Selbstliebe schreiben!

Aber für mich geht es bei der Pflege von Selbstliebe in erste Linie um eines: unsere Wahlmöglichkeiten und die Entscheidungen, die wir in jedem einzelnen Moment treffen, bewusst wahrzunehmen.

In jeder Minute eines jeden Tages können wir Selbstliebe praktizieren und kultivieren. In jeder Minute eines jeden Tages müssen wir entscheiden: Ist mein Handeln geprägt von Selbstliebe oder dem Gegenteil davon? Wie du deine Zeit verbringst, mit welchen Gedanken du dich beschäftigst, welche Perspektive du einnimmst, mit wem du dich umgibst, welche Entscheidungen du triffst, welches Verhalten du von anderen akzeptierst, wie du dich selbst leitest, welche

Verpflichtungen du eingehst, wie du deinen Körper ernährst, auftankst und bewegst … all das zählt.

Das *alles* ist Ausdruck deines Eintretens für dich und deines Wohlbefindens sowie deiner Fähigkeit zur Selbstliebe. Und genau dieses Engagement demonstriert dem Universum deine Wertschätzung für dich selbst. **Denk daran: Wir manifestieren das, was wir verdienen, auf der Grundlage unserer unterbewussten Überzeugungen.**

SELBSTLIEBE ENTWICKELN

Um Entscheidungen zu treffen, die deine Selbstliebe fördern, braucht es die drei folgenden Grundlagen:

1. Werde bewusst und achtsam

Wir können keine achtsamen Entscheidungen treffen, wenn wir uns nicht zuallererst die Optionen bewusst machen, die uns zur Verfügung stehen. Wir sollten uns Zeit nehmen, um innezuhalten und zu überlegen, ob es nicht liebevollere und mitfühlendere Möglichkeiten für uns gibt. Vielleicht bist du seit Jahren vom Diätenwahn bestimmt und merkst, dass du wieder mal bestimmte Lebensmittel weglässt, Mahlzeiten auslässt oder von einer neuen Mode-Diät besessen bist. Dann denk einen Augenblick darüber nach, ob das wirklich mitfühlend und liebevoll dir selbst gegenüber ist oder ob es nicht einen anderen Weg gibt, wie du mit deinem Körper umgehen und deine Einstellung zum Essen verändern kannst.

Könntest du zum Beispiel damit aufhören, Mahlzeiten auszulassen und Schuldgefühle für deine Art der Ernährung zu empfinden? Könntest du sie durch achtsame und intuitive Essgewohnheiten ersetzen? Oder schaust du dir jeden Morgen als Erstes die Nachrichten an und bist danach frustriert, traurig oder ängstlich? Überleg dir, ob das wirklich dazu beiträgt, deinen Tag auf die beste Weise zu beginnen. Womit könntest du dir selbst etwas Gutes tun? Beginn deinen Tag stattdessen beispielsweise mit Musik, einem Eintrag in dein Tagebuch oder einer kurzen Yogaeinheit.

2. Respektiere, wo du gerade stehst

Was wir heute, morgen oder im nächsten Augenblick brauchen, ist veränderlich. An manchen Tagen wachen wir auf und haben das Gefühl, es mit der ganzen Welt aufnehmen zu können. An anderen fühlen wir uns dagegen müde, abgeschlagen, und uns ist alles zu viel.

Mach es dir zur Gewohnheit, in dich hineinzuhorchen und dich zu fragen: »Wo stehe ich heute? Wie fühle ich mich, und was brauche ich?« Stell dir vor, es gäbe eine Skala von eins bis zehn, wobei eins für deinen Tiefpunkt steht und zehn für deine Superheldinnen-Schwingung. Was du brauchst, hängt davon ab, wo auf dieser Skala du gerade stehst. Nehmen wir an, du stehst auf drei: Dann brauchst du wahrscheinlich Ruhe, gesundes Essen und frische Luft. Stehst du aber auf neun, dann nutz diese Energie, um Entscheidungen zu treffen, die dich deiner Manifestation näher bringen: Sei kreativ, produktiv und beweg dich!

Don Miguel Ruiz hat das einzigartige Buch *Die Vier Versprechen. Ein Weg zur Freiheit und Würde* verfasst. Ich empfehle es allen, denn eins der Versprechen lautet: **Tu immer dein Bestmögliches.** Ruiz schreibt, dass es keinen Grund für negative Selbsturteile gibt, wenn du immer dein Bestes tust. Und dann gibt es auch keinen Anlass für Scham, Schuldgefühle oder Selbstbestrafung.

Selbstliebe bedeutet, dass du dir selbst den Raum gibst, einfach Mensch zu sein, anzuerkennen, dass wir uns alle jeden Tag anders fühlen, und dir das zu geben, was du gerade brauchst.

3. Respektiere, wo du in Zukunft stehen willst

Unser Leben ist im Grunde nur die Summe all unserer Entscheidungen. Ist unser Handeln von Selbstliebe bestimmt, berücksichtigen wir nicht nur, was wir im Moment gerade brauchen, sondern auch, wo wir in Zukunft stehen wollen. Oft treffen wir impulsive Entscheidungen, die uns zwar für kurze Zeit zufriedenstellen, sich aber negativ auf unser zukünftiges Selbst auswirken. Alle, die sich schon einmal selbst sabotiert haben (und ich nehme an, das gilt für alle, die hier lesen), wissen, was ich damit meine. **Aber Selbstliebe bedeutet, den Drang nach sofortiger Befriedigung eines Wunsches zu beherrschen und stattdessen Entscheidungen zu treffen, die deinem zukünftigen Selbst dienen.** Hast du zum Beispiel am nächsten Tag einen Abgabetermin, gehst aber lieber aus oder scrollst durch Instagram, sabotierst du damit, was dein zukünftiges Ich braucht. Triffst du jedoch die Entscheidung, disizipliniert zu sein und den Termin einzuhalten, respektierst du, was dein zukünftiges Ich braucht und verdient: Selbstliebe.

> DIE HÖCHSTE FORM DER SELBSTLIEBE BESTEHT DARIN, DAS, WAS DU HEUTE BRAUCHST, PERFEKT MIT DEM IN EINKLANG ZU BRINGEN, WAS DEIN ZUKÜNFTIGES ICH BRAUCHEN WIRD.

Selbstliebe manifestiert sich in jeder Entscheidung, die wir treffen. Verpflichte dich jeden Tag dazu, neue Möglichkeiten zu finden, wie du für dich selbst da sein und dir das Mitgefühl und die Liebe entgegenbringen kannst, die du verdienst. Mach das so lange, bis dir das zur Selbstverständlichkeit geworden ist und dein Füllhorn der Selbstliebe so voll ist, dass es sich über alles und jeden Menschen um dich herum ergießt.

VERGEBUNG UND URTEILSLOSIGKEIT

Ich kann nicht über Selbstliebe sprechen, ohne auf Vergebung und Urteilslosigkeit einzugehen. Wie oft hast du schon einen Fehler gemacht oder ein Verhalten an den Tag gelegt, auf das du nicht gerade stolz warst, und dich dann tagelang, wochenlang oder vielleicht sogar jahrelang dafür beschimpft? Wenn wir an Scham, Schuld, Wut und Groll festhalten, dann sind wir gefangen in der Vergangenheit. Wir halten an der

Energie dieser Erfahrungen fest, was unsere Schwingung niederhält und uns daran hindert, unsere Wünsche zu manifestieren.

Eine Klientin, mit der ich Anfang 2020 zu arbeiten begann, erklärte mir, sie möchte alles manifestieren: einen neuen Job, eine neue Wohnung, ein Gefühl von echtem Vertrauen und ihren Seelenpartner. Innerhalb von sechs Monaten hatte sie alles erreicht – bis auf ihren Seelenpartner. Auf meine Frage nach ihren vergangenen Beziehungen erzählte sie, dass sie von ihren letzten beiden Partnern betrogen worden sei. Sie sagte, dass sie die Erfahrung größtenteils »verdrängt« habe, aber dass sie sich tief im Inneren immer noch die Schuld dafür gab, es »zugelassen« zu haben. Sie frage sich ständig, ob sie die beiden irgendwie dazu gedrängt hatte, sie zu betrügen. Es sei ihr peinlich, als erfolgreiche Karrierefrau die Zeichen nicht erkannt zu haben.

Indem sie versuchte, die Erfahrung zu verdrängen, war es unmöglich, ihre Gefühle zu verarbeiten und ihre Selbstvorwürfe in dieser Angelegenheit zu revidieren. Denk daran, dass Trauma, Schmerz und emotionaler Stress Energie sind. Wenn wir ihnen nicht die Zeit und Aufmerksamkeit widmen, die sie brauchen, um bewegt, losgelassen und geheilt zu werden, setzen sie sich in unserem physischen Körper fest. Verdrängte Erfahrungen können nirgendwohin, also bleiben sie in uns, senken unsere Schwingung und sorgen dafür, dass wir in der Vergangenheit verhaftet bleiben.

Die Erfahrung meiner Klientin wirkte sich auch auf andere Weise auf sie aus: Durch ihre Selbstvorwürfe förderte sie die unterbewusste Angst, dass sich die Geschichte unweigerlich wiederholen würde. Erst als wir gemeinsam einen sicheren Bereich schufen, um die Erfahrung zu verarbeiten, Selbstverurteilung und Schuldzuweisungen zu löschen, eine neue Perspektive zu finden und ihr dabei völliges Mitgefühl und Urteilslosigkeit zu vermitteln, konnte sie ihre tieferen, unbewussten Ängste vor einer Begegnung mit einem potenziellen Partner überwinden. Ich bestärkte sie, mit einem meiner Lieblingsmantren zu arbeiten – »Meine Vergangenheit bestimmt nicht meine Zukunft« –, als Erinnerung daran, dass es in ihrer Macht steht, ihre zukünftige Geschichte zu verändern. Durch die innere Arbeit konnte sie ihrem Seelenpartner Raum geben, in ihr Leben zu treten. Und: Kürzlich erhielt ich eine E-Mail von ihr, in deren Betreffzeile stand: »Ich habe IHN gefunden!«

Um den Weg zu unserer großartigsten Zukunft frei zu machen, müssen wir die Anteile unserer Vergangenheit loslassen, die uns die niedrigen Schwingungen von Scham, Schuld oder Wut bereiten, und stattdessen völlige Urteilslosigkeit und Vergebung praktizieren. Dazu sollten wir diese drei Wahrheiten verinnerlichen:

1. Wir haben zu diesem Zeitpunkt unser Bestes gegeben.
2. Wir können aus jeder einzelnen Erfahrung eine wertvolle Lektion ziehen.
3. Wir sind nicht mehr dieselbe Person, die wir damals waren: Wir sind persönlich gewachsen, haben uns weiterentwickelt und sind gereift.

Übung

Bitte denk an etwas, woran du festhältst und wofür du dich verurteilst. Schreib die Erfahrung auf, für die du dich schämst, schuldig fühlst oder die dich wütend macht.

....

....

....

....

....

....

....

....

Schreib nun einen Brief an dein früheres Ich. Sei freundlich und mitfühlend zu dir, und versuch zu erkennen, ob deine Handlungen von Schmerz oder Unsicherheit bestimmt waren. Du könntest zum Beispiel schreiben: »Ich vergebe dir; du hast dein Bestes getan. Ich weiß, dass du damals verletzt warst. Es ist okay. Ich liebe dich.«

....

....

....

....

....

....

....

....

....

....

....

....

Schreib auf, was du aus dieser Erfahrung gelernt und was du daraus mitgenommen hast.

....

....

....

....

Wiederhol diese Übung für alles, woran du noch festhältst.

Hinweis: Immer, wenn ich diese Übung in einem Workshop durchführe, kommen bei den Teilnehmer*innen Emotionen hoch, und es fließen Tränen. Wenn du bei dieser Übung weinst oder dich besonders berührt fühlst, gib dem bitte Raum und erlaub dir, dich dadurch befreit zu fühlen.

> DIE WAHRHEIT LAUTET: INDEM DU AUS DEINEN FEHLERN UND ERFAHRUNGEN LERNST UND AN IHNEN WÄCHST, PRAKTIZIERST DU DIE HÖCHSTE FORM DER SELBSTLIEBE: DICH WEITERZUENTWICKELN. LIES DAS NOCH EINMAL.

Selbstliebe ist die Antriebskraft des Manifestierens, daher müssen wir sie jeden Tag durch konsequentes Üben und Bemühen pflegen. Es gilt, uns so zu verhalten, so zu reagieren und zu denken, dass wir unser Selbstwertgefühl steigern und zu unserem stärksten Selbst werden. Wir müssen uns jeden Tag und bei allem, was wir tun, Urteilslosigkeit, Mitgefühl, Vergebung und Freundlichkeit entgegenbringen. Keine Geste der Selbstliebe ist zu groß oder zu gering. Egal, ob wir ein Glas Wasser trinken oder eine toxische Beziehung beenden – alles, was wir tun, definiert, wer wir sind und zu wem wir werden.

Ein Hinweis: Ich verstehe, dass manche Menschen die Vorstellung, »Selbstliebe zu pflegen«, unglaublich abschreckt, vor allem, wenn ihr Selbstwertgefühl und ihre Selbstachtung sie in jeder Hinsicht einengen. Vielleicht denkst du: »Klar, in der Theorie klingt es einfach, aber wie geht das, mich selbst zu lieben?« Ich verstehe deine Vorbehalte; ich war mein ganzes Leben lang so zerfressen von meinem Selbsthass, dass ich es nie für möglich gehalten hätte, irgendwann einen Punkt zu erreichen, an dem ich ehrlich sagen kann, dass ich liebe, wer ich bin. Wenn ich das Wort »Selbstliebe« hörte, verdrehte ich die Augen, als sei das irgendein Hirngespinst, das es gar nicht geben kann. Aber mit der Zeit, mit viel Übung und Engagement habe ich es geschafft. Und du kannst das auch!

Über Jahre oder Jahrzehnte aufgestaute Unsicherheiten, einschränkende Glaubenssätze und ein geringes Selbstwertgefühl lassen sich nicht von heute auf morgen beseitigen. Aber wir können uns ab sofort zu liebevolleren Entscheidungen verpflichten. Die Entscheidung, sich zur Selbstliebe zu bekennen, ist die halbe Miete. Dann geht es darum, jeden Tag und jeden Moment mehr Selbstliebe in dein Leben zu bringen, Schritt für Schritt, denn du hast sie verdient. Und je mehr es dir gelingt, desto einfacher wird es und desto natürlicher fühlt es sich an.

Während wir Selbstliebe praktizieren, arbeiten wir uns gleichzeitig durch die anderen Schritte des Manifestationsprozesses.

SCHRITT 3

RICHTE DEIN VERHALTEN NEU AUS

Dein Verhalten auszurichten bedeutet, dem Universum durch dein Handeln zu signalisieren, was du deiner Meinung nach verdienst. Denn unser Verhalten ist ein direktes Spiegelbild unseres Selbstwertgefühls.

Dein Verhalten auszurichten bedeutet, deine Manifestationsreise proaktiv zu gestalten. Dein Verhalten auszurichten bedeutet, **die Energie zu verkörpern, die du anziehen willst**. Dein Verhalten auszurichten bedeutet, deine Komfortzone zu verlassen. Dein Verhalten auszurichten bedeutet, dich an deinem authentischsten Selbst auszurichten, denn dieses Selbst ist die magnetischste Version deiner selbst. Das ist der Schritt, der das Gesetz der Anziehung vom Manifestieren wirklich unterscheidet. Das Gesetz der Anziehung besagt, dass du das, woran du am intensivsten denkst, in dein Leben ziehst. Aber das bedeutet nicht, dass dieser Prozess passiv ist. **Manifestieren ist nichts Passives:** Es reicht nicht aus, eine klare Vision zu haben und dann darauf zu warten, dass sie sich erfüllt.

> Um in deine Kraft zu kommen und deine Energie so zu verändern, dass du die Fülle anziehst, die du verdienst, muss dein Verhalten auf die stärkste Version von dir ausgerichtet sein und nicht auf die Version, die durch Ängste und Zweifel begrenzt wurde.

SEI PROAKTIV BEIM MANIFESTIEREN

Um effektiv zu manifestieren, brauchst du eine klare Vision und das Bewusstsein, dass du es verdienst, und dann musst du proaktiv dafür arbeiten.

Nehmen wir an, du möchtest ein Haus auf dem Land manifestieren. Du benötigst eine klare Vision von diesem Haus, musst alle Ängste und Zweifel ausräumen und darauf vertrauen, dass du es verdienst. Und dann machst du dich proaktiv auf die Suche, indem du dir Immobilien-Websites ansiehst, mit Immobilienmakler*innen sprichst oder die Gegend besuchst, um zu sehen, ob ein Haus zum Verkauf steht. Ähnlich sieht es aus, wenn du das Bestehen einer Prüfung manifestieren willst: Du musst dir über deine Vision im Klaren sein und dann handeln, indem du Zeit und Energie für deine Prüfungen aufbringst. Egal, was du manifestieren willst, es ist immer ein »Tun« erforderlich. Einer der größten Irrtümer beim Manifestieren ist, dass wir uns einfach vorstellen können, was wir wollen, und dann nur zu warten brauchen, dass es sich von selbst einstellt, ohne dass wir etwas dafür tun müssen. Ich kann mit Sicherheit sagen, dass ich die Meilensteine meiner eigenen Karriere nur mit harter Arbeit, Entschlossenheit, Ausdauer, Selbstdisziplin und Motivation manifestiert habe.

Proaktiv zu sein erfordert eine gewisse Furchtlosigkeit, die dem Universum zeigt: »Ich bin es wert, ich verdiene es, und ich bin bereit.«

Überleg mal: Wie oft hast du es absichtlich vermieden, proaktiv zu sein, weil dich die Angst vor Misserfolg im Griff hatte? Letzten Monat habe ich mit einer neuen Klientin gesprochen, die mir von ihrer Idee erzählte, einen »Supper Club« zu organisieren. Sie bat mich um Rat, wie sie den Mut finden könnte, die Idee umzusetzen. Im weiteren Verlauf des Gesprächs erfuhr ich, dass sie die Idee schon seit fast *zwei Jahren* mit sich herumtrug. In dieser Zeit hatte sie alles vorbereitet, aber ihre Angst, dass »niemand kommen würde«, lähmte sie buchstäblich. Das ist nichts Außergewöhnliches. Fast jeden Tag höre ich von einer Freundin oder einem Freund, einem Familienmitglied, einer Kollegin oder einem Kollegen von einer brillanten Idee, die sie aber nie in die Tat umsetzen, weil sie der Meinung sind, nicht gut, wertvoll oder kompetent genug dafür zu sein. Wie oft hattest du schon eine Idee, die du nicht weiterverfolgt hast, aus Angst, du könntest sie nicht zum Laufen bringen? Wie oft hast du dich nicht getraut, jemanden anzusprechen, weil du Angst vor Ablehnung hattest? Wie oft hast du deine Träume aufgegeben, weil sie dir unerreichbar vorkamen?

Prokrastination und Handlungsunlust entstehen oft aus Angst vor Misserfolg: Wir vermeiden es, uns anzustrengen, weil es einfacher ist, es gar nicht erst zu versuchen, als es zu probieren und dann zu versagen. Mit dieser Angst vor Misserfolg ist es leicht, einen Haufen Ausreden zu erfinden, warum wir etwas nicht tun können: Wir behaupten, nicht die Zeit, die Ressourcen oder die Energie dafür zu haben. Was verraten diese Ausreden und die Tatenlosigkeit dem Universum? Sie drücken aus: »Ich bin nicht bereit dafür, und ich glaube nicht wirklich, dass ich es wert bin, das zu bekommen.« Und wie wir aus Schritt 2 »Lass Ängste und Zweifel hinter dir« wissen, hindert dich diese Angst daran, genau das anzuziehen, was du dir wünschst.

> PROAKTIVITÄT VERTREIBT DIE ANGST VOR MISSERFOLG.

Stell dir vor, du willst ein erfolgreiches neues Unternehmen manifestieren. Ich zeige dir den Unterschied zwischen einem Verhalten, das durch Angst und Zweifel beeinträchtigt wird (Version A), und einem proaktiven Verhalten, das auf deine Vision ausgerichtet ist und Ängste und Zweifel überwindet (Version B).

Version A

Deine Angst vor Ablehnung hält dich davon ab, neue Kund*innen anzusprechen. Deine Angst vor Bewertungen hindert dich daran, dein Angebot online zu vermarkten. Deine Zweifel halten dich davon ab, ausreichend in dein Geschäft zu investieren. Und deine Angst vor Misserfolg macht dich blind für potenzielle Chancen und hält dich davon ab, Risiken einzugehen. Durch dein Verhalten hängst du in deiner Komfortzone fest – ohne Potenzial für echtes Wachstum und Expansion.

Version B

Du nimmst Kontakt zu potenziellen neuen Kund*innen auf, du machst auf allen Plattformen Werbung für dich, du fragst Mentor*innen um Rat, du suchst proaktiv nach Menschen, mit denen du zusammenarbeiten kannst, du erkennst potenzielle Chancen und ergreifst sie. Du findest innovative Wege, um dich zu vermarkten, und du investierst die Zeit, die Energie und das Geld, die nötig sind, um dein Unternehmen so erfolgreich zu machen, wie du es dir wünschst.

Es ist offensichtlich, dass das Verhalten, das du an den Tag legst, Auswirkungen auf deine Fähigkeit hat, ein erfolgreiches neues Unternehmen zu manifestieren. In Version B wirst du deine Ziele proaktiv verfolgen und dadurch deine Träume viel effektiver manifestieren als in Version A.

Ein weiteres Beispiel für proaktives Handeln: Wenn du eine Beziehung manifestieren willst, kannst du nicht einfach alle Eigenschaften und Merkmale deines perfekten Partners auf ein Vision Board schreiben und erwarten, dass diese Person irgendwann in dein Leben spaziert. Du musst dein Verhalten danach ausrichten, also dich selbst mit demselben Maß an Respekt und Liebe behandeln, wie du sie anziehen willst (das heißt, du musst Selbstliebe entwickeln). Das bedeutet, dass du offen bist und aktiv Gelegenheiten ergreifst, um jemanden kennenzulernen, sei es, dass du einer Dating-Plattform beitrittst, das Angebot eines Freundes annimmst, dich mit ihm zu verabreden, oder einfach mehr an gesellschaftlichen Veranstaltungen teilnimmst.

Wann immer du etwas in deinem Leben manifestieren willst, musst du dein Verhalten darauf ausrichten, indem du selbst aktiv wirst und etwas unternimmst. Die Ausrichtung unseres Verhaltens zeigt dem Universum: »Ich bin bereit, ich bin furchtlos, ich bin es wert.« Und das Universum wird auf diese Furchtlosigkeit und Bereitschaft mit Fülle antworten.

Vielleicht hast du jetzt das Gefühl, dass die Ängste und Zweifel, die du in Schritt 2 erkannt hast, immer noch sehr real sind. Du fragst dich vielleicht: »Wie soll ich denn mein Verhalten ausrichten, wenn ich das Gefühl habe, Schritt 2 noch nicht abgeschlossen zu haben?« oder »Wie soll ich proaktiv handeln, wenn ich immer noch Angst habe, zu versagen?«. Die Antwort lautet, dass du diese Schritte gleichzeitig angehst. Es ist ein kontinuierlicher Prozess, Ängste und Zweifel zu überwinden und *gleichzeitig* dein Verhalten anzupassen. Kannst du dich daran erinnern, dass du mal gedacht hast, du könntest etwas nicht, es dann aber trotzdem ausprobiert hast? Weißt du noch, wie stolz du hinterher auf dich warst? Hat dieser Stolz dich dann motiviert, einen weiteren Schritt zu machen?

Ich erlebe das immer wieder bei meinem Sohn Wolfe. Letzte Woche besuchten wir das Kleinkinderturnen, und dort gab es einen Balancierbalken, auf dem er gehen wollte. Zur Sicherheit hielt er die ganze Zeit meine Hand. Aber als ich sanft losließ und ihn bestärkte, allein zu gehen, sah ich, wie sein Gesicht aufleuchtete, so stolz war er auf sich. Beim nächsten Mal sah er mich an, als wollte er sagen: »Keine Bange, Mama, ich schaff das schon.«

Genauso ist es bei dir: Um deine Ängste und Zweifel zu überwinden, tust du etwas, obwohl du Angst hast, und stärkst dadurch dein Selbstvertrauen und deinen Selbstwert. Dies steigert wiederum deine Manifestationskraft und lässt dich auch in Zukunft so agieren. Das ist ein Aufwärtszyklus. Im Kern geht es darum, **trotz deiner Angst in Aktion zu treten.**

Kennst du den Slogan »Fake it until you make it« *(Tu einfach so, als ob, bis du es wirklich tust)*? Kürzlich habe ich eine bessere Version davon gesehen, die für mich viel sinnvoller ist und perfekt zu diesem Schritt passt:

> FAKE IT UNTIL YOU BECOME IT.
> *TU EINFACH SO, BIS DU WIRST,*
> *WAS DU VORTÄUSCHST.*

Wir sollten darauf vertrauen, dass wir unserer Vorstellung, welcher Mensch wir in Zukunft sein wollen, näher kommen, wenn wir entsprechend handeln. Wie ich in Schritt 1 »Entwickle eine klare Vision« erklärt habe, lautet eine der wichtigsten Fragen auf deiner Manifestationsreise: »Wer will ich werden?« Sobald wir uns über die kraftvollste Version unserer selbst im Klaren sind, können wir unser Verhalten von diesem Moment an ganz darauf ausrichten.

Ein Beispiel: Ein Freund wünschte sich seit Jahren, als Life Coach andere Männer auf ihrem Heilungsweg zu unterstützen. Er hatte eine Ausbildung zum Coach absolviert und verbrachte viel Zeit damit, Menschen in seinem Umfeld zu helfen, aber er hatte allergrößte Bedenken, mit dieser Tätigkeit sein Geld zu verdienen. Er bezweifelte, dass seine Erfahrung und sein Wissen ausreichten, um eine Bezahlung zu verdienen, und verheimlichte deshalb, zertifizierter Coach zu sein. So umging er das Risiko, damit zu scheitern. Nachdem wir einige Zeit gemeinsam dieses Thema bearbeitet hatten und ich ihn ins Manifestieren einführte, beschloss er, so lange vorzugeben, ein Coach zu sein, bis er es irgendwann wirklich wäre. Eben ganz nach dem Motto »Fake it until you become it«. Ich fragte ihn: »Wenn du bereits ein erfolgreicher Coach wärst, wie würdest du dann deine Zeit verbringen? Wie würdest du für dich werben, und was würdest du dafür tun?« Er schrieb alle Ideen auf, die ihm einfielen, und ich ermutigte ihn, sie in die Tat umzusetzen. Innerhalb weniger Tage richtete er auf Instagram eine Seite als Männercoach ein, knüpfte Kontakte zu anderen Männern in der Branche, erstellte Inhalte zur Persönlichkeitsentwicklung, machte Werbung für Einzelgespräche und nutzte jede Chance, die sich ihm bot. Im Laufe von zwölf Monaten baute er langsam, aber konsequent seine Präsenz in der Coaching-Branche aus und hatte bald treue und begeisterte Follower, arbeitete wöchentlich mit Klienten und führte ein kostenloses Webinar für Männer durch, für das er acht renommierte Experten für die psychische Gesundheit von Männern gewann. Das Universum belohnte ihn, weil er sein Verhalten an der Vision seines besten Ichs ausrichtete, obwohl er sich dessen nicht hundertprozentig sicher war.

Manchmal müssen wir eben vortäuschen, wir seien jemand oder etwas, bis wir es irgendwann wirklich sind.

Hinweis: Wer unter dem Hochstapler-Syndrom leidet, einer extremen Form beruflichen Selbstzweifels, findet vielleicht innere Entlastung durch den Satz »Fake it until you become it«. Vor dem Beginn eines neuen Jobs oder wenn wir uns in ein unbekanntes Abenteuer stürzen, kommen oft Selbstzweifel auf, die uns das Gefühl vermitteln, nicht qualifiziert, erfahren oder kompetent genug zu sein. Das ist völlig normal, und fast jeder Mensch kennt es. Denk daran, dass du durch die Neuausrichtung deines Verhaltens von jetzt an die kraftvollste Version deiner selbst sein kannst. Mit der Zeit akzeptierst und verinnerlichst du die Tatsache, dass du den Job verdient hast, dass du gut genug bist und dass du es verdienst, erfolgreich zu sein.

Mithilfe der folgenden Übung entdeckst du Möglichkeiten, wie du dich durch proaktives Verhalten und aktives Handeln an deiner Manifestation ausrichten kannst.

Übung: Verhalte dich so, wie es dein zukünftiges Ich tun würde

Nimm dir Zeit, um dir dein zukünftiges Ich vorzustellen. Konzentrier dich ganz auf diese Übung, und mal dir deine Visualisierung in allen Details aus. Stell dir die Version deiner selbst auf dem Höhepunkt deiner Manifestationskraft vor: Du hast alles in dein Leben gezogen, was du dir wünschst.

Es sollte sich so real wie möglich anfühlen und dein wunderbarstes Selbst zum Vorschein bringen.

Frag dich:

- Wie verhalte ich mich?
- Was muss ich tun, um mein selbstliebendes, kraftvolles und magnetisches Selbst zu werden?

Schreib fünf Verhaltensweisen deines zukünftigen Ichs auf, inspiriert durch die kraftvollste Version deiner selbst.

1. ....
   ....
2. ....
   ....
3. ....
   ....
4. ....
   ....
5. ....
   ....

Diese fünf Dinge solltest du jetzt sofort tun, um deinem zukünftigen Ich noch näher zu kommen. Überleg dir, wie du dein Verhalten schon jetzt auf die Person ausrichten kannst, die du werden willst. Zeig dem Universum durch dein Handeln, dass du bereit bist, wirklich dieser Mensch zu sein, denn er ist bereits in dir vorhanden.

SICH MIT DEM UNBEHAGEN ANFREUNDEN

Sei dir bewusst, dass es nicht immer leicht oder angenehm ist, dein Verhalten auf deine Manifestation und dein zukünftiges Ich auszurichten. Vielmehr erfordert die Neuausrichtung deines Verhaltens, dass du deine Komfortzone verlässt. Das kann sehr ungemütlich sein – lass mich erklären, warum das so ist.

Unser Unterbewusstsein liebt alles, was uns vertraut ist, auch wenn das Vertraute gar nicht so gut für uns ist. Das liegt daran, dass Vertrautes Sicherheit vermittelt. Ändern wir aber unser Handeln, werden wir mit Themen konfrontiert, die uns nicht vertraut sind. Das Neue fühlt sich ungewohnt und daher nicht sicher an. Dieses Gefühl kann so unangenehm sein, dass unser Unterbewusstsein verzweifelt versucht, uns zum Gewohnten zurückzudrängen, damit es sich wieder in Sicherheit fühlt. Das ist der Grund, warum wir uns selbst sabotieren.

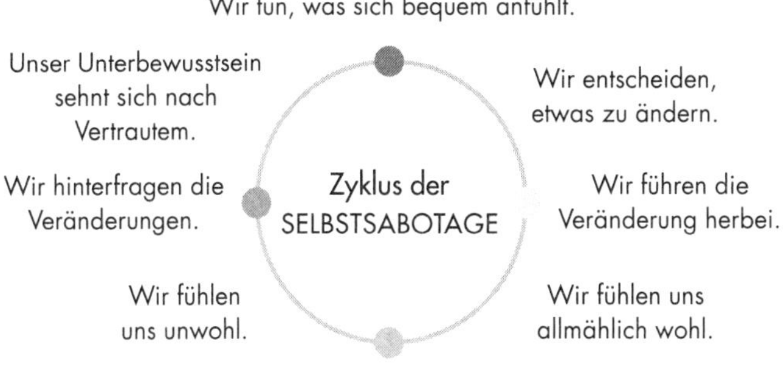

Stell dir zum Beispiel vor, du bleibst lieber im Hintergrund und magst es nicht, im Zentrum des Interesses zu stehen. Im Grunde nimmst du in der Geschichte deines Lebens eine Nebenrolle ein. Weil du schon viele Jahre so lebst, fühlt sich dein Unterbewusstsein am wohlsten, wenn du dich hinter anderen verkriechst. Aber jetzt willst du das ändern und sagst dir: »Höchste Zeit, mein Schattendasein zu verlassen, endlich der Hauptdarsteller meiner eigenen Geschichte zu sein und der Welt zu zeigen, was ich zu bieten habe.« Dadurch gerät dein Unterbewusstsein in Panik. Es versucht, dich zurück in vertraute Gefilde zu lenken, indem es dich auf einer unbewussten Ebene zur Selbstsabotage bewegt. Es verhindert beispielsweise, dass du dich zu Wort meldest oder gesehen oder gehört wirst, oder es lenkt dich unbewusst dazu, dich mit Menschen zu umgeben, die dich runterziehen oder dir Energie rauben.

Eine Freundin von mir versuchte, selbstbewusster aufzutreten, wenn sie neue Leute kennenlernte. Sie meldete sich bei einer Eltern-Baby-Gruppe an, und der Austausch mit anderen frischgebackenen Müttern half ihr wirklich, ihr Selbstbewusstsein zu stärken. Ihre Persönlichkeit schien sich zu verändern, aber nach ein paar Monaten fiel mir auf, dass sie schon seit Wochen nicht mehr zu den Treffen ging. Jedes Mal kam »zufällig« etwas anderes dazwischen: Sie hatte zum Beispiel gleichzeitig einen weiteren Termin vereinbart, war plötzlich zu müde oder hatte an dem Tag unerwartet viel zu tun. Ich machte ihr klar, dass es sich dabei um unbewusste Selbstsabotage handelte, die sie nur durchbrechen konnte, wenn sie sich dieses Muster bewusst machte.

Ein weiteres Beispiel könnte sein, dass du dich gesund, energiegeladen und körperlich fit fühlen willst. Deine Vision ist klar, und du siehst dich morgens voller Energie und Tatendrang aufwachen und so fit, dass du stundenlang mit deinen Kindern draußen spielen kannst. Um dieses Ziel auch wirklich zu erreichen, musst du zuerst proaktiv dein Verhalten ändern. Anstatt zum Beispiel Ausreden zu finden, warum du keinen Sport treibst oder zu viel Zeug isst, das dich träge macht, musst du dir vornehmen, Sport zu treiben oder gesündere, nahrhaftere Kost zu essen. Mit anderen Worten: **Du musst proaktiv handeln.** Nach einiger Zeit wirst du einen Unterschied sehen und spüren: Dein Selbstvertrauen ist gewachsen. Und genau jetzt schlägt dein Unterbewusstsein Alarm. Es interessiert sich nicht dafür, dass du dich gut fühlst, sondern nur dafür, dass du dich *anders* fühlst, und anders ist für dein Unterbewusstsein *nicht sicher*. Deshalb wird es dich bestärken, dich selbst zu sabotieren, indem es dich dazu überredet, dich zu betrinken, dein Training ausfallen zu lassen oder deine Ziele ganz aufzugeben. Kommt dir das bekannt vor?

Auch ich war früher oft in Selbstsabotage-Zyklen gefangen. Ich fühlte mich so wohl in meiner Traurigkeit, meiner Einsamkeit und mit meinem Selbsthass, dass ich mich jedes Mal, wenn ich mir vorgenommen hatte, etwas zu ändern und mich besser zu fühlen, mit Essen, Alkohol, Drogen, Zigaretten und toxischen Beziehungen sabotierte. Erst als mir bewusst wurde, was mein Unterbewusstsein beabsichtigte, gelang es mir, den Drang zur Selbstsabotage zu bezwingen und mich auf mein Ziel zu konzentrieren. So konnte ich das unangenehme Gefühl aushalten, bis sich eine neue Vertrautheit einstellte – und das ist die Voraussetzung für echte und dauerhafte Veränderungen.

Wann immer wir in eine Phase der Veränderung eintreten und unser Verhalten auf das ausrichten, was wir in unser Leben ziehen wollen, müssen wir gleichzeitig mit einer Phase des Unbehagens rechnen und uns dann **bewusst dafür entscheiden,** es zu akzeptieren und durchzustehen. Wir müssen dem Impuls zur Selbstsabotage standhalten und **lernen, so lange an diesem neuen, ermächtigten Ort zu verweilen, bis er sich wie ein Zuhause anfühlt.** Erst wenn wir uns nicht mehr durch unsere Ängste und Zweifel einschränken lassen, eröffnet sich uns die ganze Fülle des Universums.

DEINE KOMFORTZONE VERLASSEN

Wenn wir erst einmal den Kreislauf der Selbstsabotage verstanden haben und wissen, dass wir ein gewisses Maß an Unbehagen durchstehen müssen, können wir unser Verhalten auf die kraftvollste und magnetischste Weise ausrichten, indem wir regelmäßig und kontinuierlich unsere Komfortzone verlassen.

Bei jeder Manifestationsreise musst du deine Komfortzone verlassen. Das ist nicht verhandelbar. Immer wenn du deine Komfortzone verlässt, ziehst du Fülle an. Denn die Magie findet außerhalb deiner Komfortzone statt.

> UM EINE VERÄNDERUNG ZU MANIFESTIEREN, MÜSSEN WIR ZUERST EINE VERÄNDERUNG HERBEIFÜHREN. WIR MÜSSEN UNS NEU AUSRICHTEN, UNS UNSEREN ÄNGSTEN UND ZWEIFELN STELLEN, HANDELN WIE UNSER ZUKÜNFTIGES SELBST UND DEM UNIVERSUM ZEIGEN, DASS WIR BEREIT UND GEWILLT SIND, UNSERE KRAFT ANZUNEHMEN.

Ich höre oft Sätze wie: »Ich überlege, meinen Job zu kündigen. Soll ich es tun?« oder »Ich habe eine Idee für ein neues Unternehmen. Soll ich es wagen?« Meine Antwort lautet immer: »Ja, auf jeden Fall!« Sobald du erkennst, dass du die Kraft hast, dir ein wunderbares, aufregendes und erfülltes Leben zu schaffen, denkst du ganz von selbst darüber nach, wie du deine Komfortzone verlassen kannst. **Die Manifestationsreise ist immer begleitet von Inspiration, Kreativität und einem Strom von Ideen, die scheinbar aus dem Nichts heraus zu dir kommen.** Vielleicht meditierst du, bist kurz vor dem Einschlafen, gehst spazieren oder unterhältst dich mit einem Freund – und plötzlich fliegt dir eine Idee zu. Ich betrachte diese Ideen gern als kleine Geschenke des Universums. Sie kommen aus einem bestimmten Grund: Sie bieten dir die Möglichkeit, aus deiner Komfortzone herauszutreten, um die Veränderungen zu vollziehen, die für deine Ziele nötig sind. Sie bieten dir die Möglichkeit, dem Universum zu zeigen, dass du dich nicht von Angst und Zweifeln aufhalten lässt. Ignoriere die Ideen nicht. Triff stattdessen die selbstliebende Entscheidung, aktiv zu werden und deine Komfortzone zu verlassen.

Die folgenden Tipps helfen dir, deine Komfortzone zu verlassen und deine Manifestationskraft zu nutzen:

1. Mach dir dein »Warum« bewusst

Mach dir zunächst klar, warum du deine Komfortzone verlassen willst. Das »Warum« ist der Beweggrund dafür; er hilft dir, dein Unbehagen zu überwinden, dich auf deine Vision zu fokussieren und an ihr festzuhalten, auch wenn dir Herausforderungen oder Hindernisse begegnen.

FAQ

Q: Wie finde ich heraus, was mein »Warum« ist?
A: Wann immer du an etwas denkst, das du manifestieren möchtest, stell dir die Frage: »Was bringt mir das Erreichen dieses Ziels energetisch, emotional, körperlich, geistig oder spirituell? Wie wird es mein tägliches Leben und meine Gefühle von Frieden, Zufriedenheit, Selbstliebe und Freude beeinflussen?«

Stell dir vor, deine Freundin erzählt dir, dass in dem Unternehmen, in dem sie arbeitet, eine Stelle frei wird, die sich perfekt für dich eignet. Du beschließt sofort, dich zu bewerben, aber dann stellst du fest, dass du dich im Rahmen des

Bewerbungsverfahrens selbst bei einem Gespräch filmen sollst. Falls es dir schon immer schwergefallen ist, vor einer Kamera zu sprechen, musst du nun deine Komfortzone verlassen und fühlst dich dabei wahrscheinlich ziemlich unwohl. Überwinde dieses Unbehagen, indem du dein »Warum« herausfindest, zum Beispiel: »Bei diesem Job könnte ich in einem Bereich arbeiten, der mir wirklich am Herzen liegt. Ich würde mit Freude morgens zur Arbeit gehen, weil ich Aufgaben habe, die mir Spaß machen und mich erfüllen, mir mehr Lebensfreude verleihen und meine Lebensqualität insgesamt steigern.« Mit dem Fokus auf deinem »Warum« kriegst du den nötigen Elan und den Mut, den Clip zu drehen, *selbst wenn* du dich ein wenig unwohl fühlst oder Angst hast, denn du hast das große Ganze und das Endziel klar vor Augen.

2. Keine Ausreden mehr

Ausreden sind nichts anderes als eine Form der Selbstsabotage. Sie versetzen uns ins »Aus«. Ausflüchte gibt es in allen Variationen, aber am häufigsten klingen sie ungefähr so: »Ich habe zu viel zu tun«, »Ich bin zu müde«, »Es ist zu schwierig«, »Ich bin nicht fertig«, »Ich mache es ein anderes Mal«, »Ich habe nicht die Ressourcen«, »Es hat beim letzten Mal schon nicht geklappt«, »Ich kriege es nicht perfekt hin«, »Ich bin nicht gut genug«.

Wir sollten unsere Ausreden als das entlarven, was sie in Wirklichkeit sind: ein Ausdruck unserer Ängste und unserer Zweifel. Sie hindern uns daran, voranzukommen und unsere ganze Kraft zu nutzen, da wir unbewusst das Gefühl haben, noch nicht bereit für das Große zu sein. Hinterfragen wir aber jeden einzelnen Aspekt unserer Ausreden, dann sterben sie einen sicheren Tod, denn wir nehmen ihnen ihre Macht.

Wenn du das nächste Mal sagst: »Ich habe zu viel zu tun«, dann frag dich: »Warum sage ich das? Wovor habe ich Angst? Was würde passieren, wenn ich diese Ausrede streichen würde?«

3. Gib nicht auf, wenn sich dir Hindernisse in den Weg stellen

Sobald wir unsere Komfortzone verlassen, ist alles neu, was zwangsläufig bedeutet, dass wir einige Hindernisse meistern müssen.

> ERFOLGREICHE MENSCHEN ZEICHNEN SICH VOR ALLEM DADURCH AUS, DASS SIE BEREIT UND IN DER LAGE SIND, HERAUSFORDERUNGEN ANZUNEHMEN UND ZU BEWÄLTIGEN.

Ich bin sicher, dass wir uns alle an Situationen erinnern können, in denen wir bei der ersten Hürde eingeknickt sind und aufgegeben haben. Warum tun wir das? Weil Herausforderungen unsere Unsicherheiten triggern und unser Selbstwertgefühl auf die Probe stellen. Wenn wir mit etwas konfrontiert werden, das wir als schwierig empfinden, zweifeln wir an unseren Kompetenzen, und wenn ein Plan misslingt, glauben wir, dass wir schlichtweg »Pech« hatten. Wir lassen zu, dass die Herausforderungen unsere begrenzenden und unterbewussten Überzeugungen verstärken, es nicht verdient zu haben, dass unsere Wünsche in Erfüllung gehen. Und was tun wir dann? Wir rennen weg, weil wir von Natur aus dazu neigen, vor Dingen zu fliehen, die uns ein »schlechtes« Gefühl vermitteln. Aber wenn du erfolgreich manifestieren willst, musst du dem Impuls widerstehen aufzugeben und stattdessen einen neuen Weg suchen, der dich weiterbringt.

Ich war schon immer sehr interessiert daran, die Geschichten höchst erfolgreicher Menschen zu lesen, zu sehen und zu hören – von CEOs bis hin zu weltberühmten Musiker*innen. Am inspirierendsten finde ich, wenn sie sich angesichts von Schwierigkeiten durchbeißen oder kreative neue Wege finden mussten, um Hindernisse zu meistern und ihre Träume zu realisieren. Das erinnert mich daran, dass der Weg zum Erfolg oder zur Verwirklichung unserer Wünsche nicht immer einfach und geradlinig ist. Du musst für dich selbst eintreten, aktiv werden und weitermachen, auch wenn du am liebsten das Handtuch werfen würdest. Hätte ich bei jedem Problem und vor jeder herausfordernden Gelegenheit, die sich mir bot, aufgegeben, wäre es mir niemals gelungen, all die Dinge in meinem Leben zu manifestieren, die heute zu mir gehören. Bei mir war es nicht so, dass ich meine Wünsche visualisiert habe, aktiv geworden bin und sofort alles auf Anhieb eintraf. Ich hatte mit reichlich Rückschlägen und Widerständen zu kämpfen. Aber ich habe nie zugelassen, dass sie mich am Weitermachen hinderten. Ich lasse mich nie von meinem Weg oder von meinem Ziel abbringen. Und es ist ausgeschlossen, dass Hindernisse mich unterkriegen. Wenn etwas nicht auf Anhieb klappt, überlege ich mir einfach, wie ich es anders machen kann.

Herausforderungen gehören zum Leben dazu, und ich rate dir, sie nicht als Einschränkungen zu sehen, sondern als Geschenke und Chancen. Herausforderungen geben uns die Chance, für uns selbst einzutreten, etwas Neues zu lernen, Stärke, Wissen und Resilienz zu erlangen. Herausforderungen führen uns in neue Richtungen und eröffnen uns neue Perspektiven. Entscheide dich jetzt dafür, dich von den möglichen Herausforderungen leiten zu lassen, statt vor ihnen zurückzuschrecken. Damit schickst du dem Universum die Botschaft: **»Ich bin stärker als die Herausforderung, vor der ich stehe«**, und das Universum wird deinen Glauben an dich selbst mit Fülle belohnen.

4. Die Fünf-Sekunden-Regel

Mel Robbins, eine meiner bevorzugten Rednerinnen, hat eine tolle Übung, die du immer dann anwenden kannst, wenn du die Chance hast, deine Komfortzone zu verlassen, aber Angst hast oder noch zögerst. Mel nennt sie »Fünf-Sekunden-Regel« und erklärt sie in etwa so: Immer, wenn du einen Geistesblitz hast, aber zögerlich bist, wendest du diese Regel an. Du hast fünf Sekunden Zeit. Zähl von fünf bis eins, und mach dann gedanklich einen Schritt nach vorn, bevor du bei null ankommst. Wenn du den Impuls spürst, ein Ziel zu verfolgen, musst du dich innerhalb von fünf Sekunden in Bewegung setzen, sonst wird dein Gehirn die Idee verwerfen.«

Vor meinem allerersten öffentlichen Workshop habe ich diese Technik selbst durchgeführt. Meine Nerven flatterten, bevor ich zum ersten Mal eine Bühne betrat. Ich stand hinter dem Vorhang, das Mikrofon war eingeschaltet, ich hörte, wie die Leute hereinkamen und darauf warteten, dass ich begann – und mich überkam das Hochstapler-Syndrom. »Was zum Teufel tat ich da? Einen Workshop über Selbstliebe veranstalten? Ich bin keine Rednerin, mir fehlt die Erfahrung, ich werde alle enttäuschen. Das war eine dumme Idee …« Mein innerer Kritiker versuchte, mich davon abzuhalten, auf die Bühne zu gehen. Ich zählte rückwärts: »5 … 4 … 3 …«, und dann, *bam,* bewegte ich mich, setzte einen Fuß vor den anderen, lächelte alle Gesichter vor mir an und begann zu sprechen. Innerhalb von zehn Minuten wusste ich eines ganz sicher: Hier war ich genau am richtigen Ort. Ich fühlte mich plötzlich sehr wohl, als ich zu all diesen wunderbaren Männern und Frauen vor mir über die Kraft und die Bedeutung der Selbstliebe sprach. Auch heute noch, unzählige Workshops später, wende ich diese Technik an, bevor ich eine Bühne betrete.

> ICH SAGE ES NOCH EINMAL: MAGIE FINDET AUSSERHALB DEINER KOMFORTZONE STATT.

GESUNDE GEWOHNHEITEN ENTWICKELN

Inzwischen ist dir hoffentlich klar, dass ein wesentlicher Bestandteil unserer Manifestationsfähigkeit das Selbstwertgefühl ist und dass wir dem Universum durch unser Verhalten signalisieren, wie hoch oder niedrig es ist. Um unser Verhalten so auszurichten, dass sich unser Selbstwertgefühl und unsere Manifestationskraft steigern, binden wir ganz bewusst Techniken mit hoher Schwingung in unsere tägliche Routine ein. Wir machen aus Techniken der Selbstliebe gesunde Gewohnheiten!

EINIGE MEINER BEVORZUGTEN SELBSTLIEBE-TECHNIKEN

Tagebuch schreiben, Mantren, Affirmationen, Meditation, tägliche Spaziergänge, Hautpflegeroutine, lange Bäder, Selbstfürsorge, Atemarbeit, Körperarbeit, Yoga, Dankbarkeitsübungen.

Gesunde Gewohnheiten tragen effektiv dazu bei, unser Verhalten so auszurichten, dass wir müheloser manifestieren können. Ich sehe darin die Grundlage für jede Form der Persönlichkeitsentwicklung. Unsere Gewohnheiten sind unser Fundament, und wenn wir sie ändern, dann verändern wir auch unser Leben. **Wahrer und dauerhafter Wandel entsteht durch die kleinen Veränderungen, die du täglich vornimmst.**

Wenn wir unsere Wünsche mithilfe von Gewohnheiten manifestieren wollen, müssen wir sie an unserem zukünftigen Selbst ausrichten.

> GESUNDE GEWOHNHEITEN HELFEN UNS, DIE PERSON ZU VERKÖRPERN, DIE WIR WERDEN WOLLEN; MIT ANDEREN WORTEN: DIE ENERGIE ZU SEIN, DIE WIR ANZIEHEN MÖCHTEN.

Hast du zum Beispiel das Ziel, eine erfolgreiche Führungskraft in der Wirtschaft zu werden, könntest du versuchen, dir die Gewohnheiten einer Führungskraft anzueignen, wie zum Beispiel früh aufzustehen, To-do-Listen zu erstellen, täglich zu meditieren, um Stress oder Überforderung zu reduzieren, oder täglich Zeit zum Lernen einzuplanen. Indem du dir diese Gewohnheiten zu eigen machst, richtest du dein Verhalten auf die Person aus, die du werden willst. Deine Gewohnheiten helfen dir, deine Schwingung zu erhöhen, damit sie der Energie deines zukünftigen Selbst entspricht.

Unsere Gewohnheiten und täglichen Übungen verändern unser Leben.

So sieht der Tag aus, wenn man morgens keine täglichen Übungen macht (Person A) oder wenn man sie täglich absolviert (Person B).

Person A

Dein Wecker klingelt, du drehst dich um und fängst sofort an, durch deinen Social-Media-Feed zu scrollen. Nach zehn Minuten stehst du auf, schaltest die Nachrichten ein, springst unter die Dusche und machst dich schnell fertig, bevor du dein Frühstück runterschlingst und zur Arbeit fährst.

Person B

Du wachst früh auf, um dir Zeit für deine täglichen Übungen zu nehmen. Du hörst dir einen zehnminütigen positiven Affirmationstrack an, bevor du aufstehst. Dann genießt du achtsam dein morgendliches Kaffeeritual, nach dem du zwanzig Minuten lang Gymnastik machst, duschst und dich anziehst, während du deine Lieblingsmusik hörst. Nun setzt du dich hin, um ein nahrhaftes und leckeres Frühstück zu essen, bevor du zur Arbeit fährst.

Person B hat nichts Besonderes getan: Sie hat nur drei oder vier einfache Praktiken der Selbstliebe in ihren Tagesablauf eingebaut und sich Zeit dafür reserviert. Aber kannst du dir vorstellen, wie anders der Rest ihres Tages im Vergleich zu dem von Person A aussehen dürfte? Kannst du dir auch vorstellen, wie anders die ganze Woche, der ganze Monat oder das ganze Jahr von Person B im Vergleich zu Person A abläuft?

Der Motivationsautor John C. Maxwell sagt, dass du dein Leben niemals verändern wirst, solange du nicht irgendetwas von dem veränderst, was du täglich tust. Der wahre Schlüssel zum Erfolg liegt in deiner täglichen Routine.

Übung

Schreib in den unteren Kasten drei Gewohnheiten, die du ab jetzt in deine Routine einbauen willst. Verpflichte dich, sie 66 Tage lang täglich anzuwenden (so lange dauert es, bis eine Gewohnheit entsteht).

Beispiele:
Ich stehe jeden Tag um 7 Uhr auf.
Ich schreibe jeden Tag in mein Tagebuch, statt durch mein Handy zu scrollen.
Ich trainiere jeden Morgen, das kann ein Spaziergang, Stretching oder Hochintensives Intervalltraining sein.

1. ....
   ....
2. ....
   ....
3. ....
   ....
4. ....
   ....

Nimm immer mehr gesunde Gewohnheiten auf, wenn du das Gefühl hast, es wäre möglich (überfordere dich nicht mit zu vielen auf einmal). Je mehr gesunde Gewohnheiten wir pro Tag umsetzen, desto mehr Möglichkeiten haben wir, uns in Selbstliebe zu üben und unsere Manifestationsfähigkeit zu steigern.

AUTHENTIZITÄT

> *»Ich hatte keine Ahnung, dass es mich so reich machen würde, authentisch zu sein. Hätte ich das gewusst, hätte ich schon viel früher damit angefangen.«*
>
> OPRAH WINFREY[3]

Um dein Verhalten auszurichten, solltest du nicht nur tägliche Übungen in deine Routine einbauen, proaktiv für deine Ziele eintreten, zu der Energie werden, die du anziehen willst, und deine Komfortzone verlassen, sondern auch authentisch leben. Das bedeutet, dass dein Handeln mit dem überstimmt, was du denkst und wer du wirklich sein willst.

Authentizität ist ein wesentlicher Bestandteil erfolgreicher Manifestation, denn wir sind am magnetischsten, wenn wir unsere Wahrheit leben und zum Ausdruck bringen. Bestimmt kennst du einige dieser besonderen Menschen, die einen Raum schon beim Eintreten heller machen und eine geradezu magnetische Anziehungskraft ausüben. Meist sind diese Personen ganz und gar sie selbst, unverstellt und authentisch. Sie sind stolz darauf, wer sie sind, fühlen sich

3 Oprah Winfrey: Interview mit Facebook-COO Sheryl Sandberg, 2017.

wohl in ihrer Haut und haben keine Angst, anders zu sein oder herauszustechen.

Ich stelle immer wieder fest, dass Menschen, die sich nicht länger verstellen und stattdessen ihr authentisches Selbst leben, erfolgreich sind. Ich habe von unzähligen Männern und Frauen gehört, die an einem meiner Workshops teilgenommen und die dort gewonnene Motivation genutzt haben, um sich von Jobs, Menschen und Konzepten zu verabschieden, die nicht zu ihrer Wahrheit passten. Die Berichte ähneln sich: Kaum hatten sie diese Dinge losgelassen, entstand Raum für das, was ihr authentisches Selbst am meisten unterstützt. Zum Beispiel, indem sie einen neuen Job antraten, den sie nun mit Leidenschaft ausüben; indem sie endlich über Dinge sprachen, die ihnen wichtig waren; oder sich nur mit Menschen umgaben, von denen sie sich wirklich verstanden fühlten. Danach blühten durchweg alle richtiggehend auf. **Wir haben eine unglaubliche Anziehungskraft, wenn wir einfach nur wir selbst sind.**

Wie können wir uns also mit unserem authentischen Selbst verbinden? Zuerst müssen wir lernen, unsere Vorstellung davon loszulassen, wer wir sein sollten, was andere von uns erwarten und wer wir einmal waren. Nur dann können wir herausfinden, wer wir heute wirklich sind.

Von klein auf achten wir auf die Erwartungen der Menschen um uns herum, wie wir uns verhalten sollen und unter welchen Bedingungen man uns liebt. Wir merken, wenn wir etwas tun, das uns liebenswert macht, und wiederholen es dann. Als Erwachsene setzen wir dieses Muster fort: Wir modellieren uns auf der Grundlage des Feedbacks, das wir von unserer Familie, unseren Freunden und unserem Umfeld erhalten. Wir lernen, nach äußerer Bestätigung zu suchen und unser Selbstwertgefühl von der Meinung und dem Urteil anderer Leute abhängig zu machen. Das fördert unsere Neigung, anderen gefallen zu wollen – und das ist der Feind jeglicher Authentizität.

Um unser authentisches Selbst zu entdecken, müssen wir uns zuerst bewusst machen: Wir haben immer die Wahl – richten wir unser Verhalten danach aus, um anderen zu gefallen, oder ist unser Verhalten Ausdruck unserer Selbstachtung? Entscheiden wir uns für Ersteres, opfern wir unweigerlich unsere eigenen Ziele, Träume und Visionen.

> ENERGIE IST GERICHTET: ES IST UNMÖGLICH, DASS WIR UNSERE ENERGIE AUF DIE SUCHE NACH EXTERNER BESTÄTIGUNG RICHTEN UND SIE GLEICHZEITIG AUF DIE PERSON RICHTEN, DIE WIR SEIN WOLLEN, ODER AUF DAS, WAS WIR MANIFESTIEREN MÖCHTEN.

Wade, der Vater meines Sohnes, und ich diskutieren oft über Authentizität, denn er setzt sich leidenschaftlich dafür ein, anderen dabei zu helfen, ihre eigene Wahrheit zu entdecken und ihr authentisches Selbst zu verkörpern. Wade vergleicht diesen Prozess mit einem Garten:

»Stell dir vor, du wärst ein Garten. Dein innerstes Gefühl von Selbstliebe, Selbstwert und Wahrhaftigkeit bildet den

Boden, aus dem alles erwächst. Deine Konditionierungen und deine bisherigen Lebenserfahrungen haben den Garten mit verschiedenen Pflanzen bereichert, aber nicht alle hast du selbst eingepflanzt. Einige von ihnen sind Unkraut, das dich am Wachsen hindert, andere Pflanzen entsprechen nicht dem, was du wirklich bist, und einige passen einfach nicht mehr dazu. Der Prozess, dein authentisches Selbst zu entfalten, beginnt damit, dass du das Unkraut und die unerwünschten Pflanzen identifizierst und ganz sanft entfernst. Geh bis zu den Wurzeln, und entferne sie, damit der Boden deines Gartens frei von allem ist, was ihm schadet. Wenn du das Gefühl hast, dass du den Garten vom Unkraut und von den Pflanzen befreit hast, die nicht mehr nötig sind, von all deinen einschränkenden Glaubenssätzen und Ideen, die dir nicht dienen, kannst du entscheiden, was hineinkommt. Du kannst die Pflanzen pflegen, die dich stärken, und neue wählen, die widerspiegeln, wer du wirklich bist und wer du sein willst. Du kannst selbst entscheiden, wie dein Garten aussieht. Du kannst jeden Teil davon selbst gestalten und ihn dann mit Sanftheit, Mitgefühl, Liebe und Respekt hegen und pflegen. Letztlich verdienst du es, die Person zu sein, die du selbst geschaffen hast: ein Mensch, der kraftvoll und aufs Schönste zelebriert, wer du sein willst, unabhängig von den Ideen und Meinungen anderer.«

Die Reise, um dein authentisches Selbst zu entdecken und zu verwirklichen, wird einige Zeit in Anspruch nehmen, aber jeder Schritt ist es wert. Je mehr du mit dem verbunden bist, was du wirklich bist und was du dir wirklich wünschst, desto magnetischer wirst du und desto größer wird deine Manifestationskraft. Frag dich bei jeder Handlung: »Entspricht das meinem Denken, meinen Überzeugungen und meinem Wunsch, so zu sein?«

Wenn du dein Verhalten danach ausrichtest, manifestierst du durch dein Handeln. Die alltäglichen Dinge, die Art, wie du dich verhältst, wie du handelst und wie du mit dir selbst umgehst: **Das alles zählt.** Das Universum reagiert auf alles, was du tust.

Um dein Verhalten auszurichten, musst du proaktiv handeln, die Person verkörpern, die du werden willst, deine begrenzenden Glaubenssätze oder Ängste überwinden, deine Komfortzone verlassen, authentisch leben und Selbstliebe praktizieren, indem du täglich übst, gesunde Gewohnheiten entwickelst und dich um dein eigenes Wohlbefinden kümmerst.

SCHRITT 4

MEISTERE DIE PRÜFUNGEN DES UNIVERSUMS

Auf jeder Manifestationsreise wirst du vom Universum vor Prüfungen gestellt, die du meistern musst, bevor du weiterkommst. Sie begegnen dir in deinem Leben, um deinen Selbstwert und dein Vertrauen in den Manifestationsprozess zu testen. Die Prüfungen können in Form von Hindernissen, Menschen oder Herausforderungen auftreten oder als etwas, das dich auffordert, dich mit weniger zufriedenzugeben, als du verdienst.

Dieser Schritt ist eine Erweiterung von Schritt 3 »Richte dein Verhalten neu aus«. Indem du die Prüfungen des Universums überwindest, richtest du dein Verhalten auf einen hohen Selbstwert aus und lernst, auf die Kraft des Manifestierens zu vertrauen.

Wie eine Prüfung durch das Universum aussieht, erkläre ich dir am einfachsten anhand einiger Beispiele.

Stell dir vor, du möchtest deine(n) perfekte(n) Partner*in manifestieren. Bevor du den oder die Richtige triffst, wird dir das Universum wahrscheinlich eine Prüfung auferlegen, die du zuerst bestehen musst. Du wirst getestet, ob du *wirklich* überzeugt davon bist, sie oder ihn verdient zu haben. In diesem Szenario kann die Prüfung in Gestalt deiner oder deines »Ex« bestehen. Das Wiederauftauchen des Ex-Partners ist oft mit einem verlockenden Gefühl der Vertrautheit verbunden. Sie oder er bietet dir eine einfache Möglichkeit, zu etwas zurückzukehren, das sich bequem anfühlt, auch wenn es nicht das Richtige für dich ist. Du hast die Wahl: Investierst du deine Zeit und Energie in etwas, von dem du bereits weißt, dass es nicht funktioniert, oder bleibst du deiner Zukunft verpflichtet und triffst die Entscheidung, dich physisch und (noch wichtiger) energetisch von deiner Vergangenheit zu lösen und die Tür fest hinter dir zu schließen?

Der »Ex-Test« findet so häufig statt, dass ich den Leuten oft sage, dass sie sicher sein können, dass ihr*e Seelenpartner*in ganz in der Nähe ist, wenn ein früherer Partner plötzlich wieder auftaucht (es funktioniert natürlich nur, wenn der Test bestanden wird). Es hat etwas unglaublich Befreiendes und Ermächtigendes, wenn du dir sagen kannst: »Ich schließe offiziell die Tür zu meiner Vergangenheit.« Aber um das richtig zu tun, musst du es vollständig tun. Viele Männer und Frauen haben mir erzählt, dass sie eigentlich gar keine Lust haben, wieder mit ihren Ex-Partner*innen zusammenzukommen, aber sie schreiben ihnen weiterhin Nachrichten oder sehen sie »zwischendurch«. Damit halten sie sich diese Tür weiter offen. Sie tun es, weil es ihnen Trost, Verbindung, Aufmerksamkeit, Bestätigung oder Ablenkung verschafft. Aber wenn du dich auf etwas einlässt, das nicht das Richtige für dich ist, egal wie zwanglos du es findest, wird es dir den Weg zu deiner Manifestationskraft versperren. Denn wenn du dich auf so was einlässt, signalisierst du dem Universum: »Ich vertraue nicht darauf, dass das, was ich wirklich will, kommen wird« oder »Ich muss meinen Selbstwert in jemand anderem finden«. Dann wirst du auch weiterhin anziehen, was sowohl zu deinem Zweifel als auch zu deinem geringen Selbstwert passt.

Die stärkste und effektivste Methode, um Raum für das zu schaffen, was in dein Leben kommen soll, besteht darin, auf energetischer Ebene einen Abschluss in dir zu finden. Wann immer du eine Gelegenheit siehst, dich von jemandem oder etwas zu trennen, das dir nicht mehr dient, nimm sie wahr. Du *musst* den Weg frei machen, damit du deinem zukünftigen Ich mit Leichtigkeit begegnen kannst.

Hier ein weiteres Beispiel für eine Prüfung, wenn du darauf hinarbeitest, deine(n) Wunschpartner*in zu finden. Du gehst öfter mit einer oder einem neuen Bekannten aus, und die Chemie zwischen euch beiden stimmt sofort. Dein Gegenüber scheint viele deiner Anforderungen zu erfüllen, was dich hoffnungsvoll stimmt, dass dieser Mensch genau der ist, den du schon immer manifestieren wolltest. Aber schon nach ein paar Tagen oder Wochen merkst du, dass etwas nicht stimmt; er oder sie hat zwei Gesichter oder begegnet dir nicht mit dem Respekt, den du verdienst. Das ist *eindeutig* eine Prüfung! Das Universum stellt dir die Frage: Wie sehr schätzt du dich selbst wirklich? Bist du wirklich überzeugt davon, wahre Liebe verdient zu haben? Gibst du dich mit einer Person zufrieden, die offensichtlich nicht bereit dazu ist, sich auf dich einzulassen?

Wenn du dich mit diesem Menschen begnügst und die roten Alarmlichter ignorierst, die direkt vor dir aufleuchten, blockierst du deine Manifestationskraft. Indem du die

Warnzeichen ausblendest, sendest du dem Universum folgende Botschaft: »Ich habe Angst, sonst niemanden kennenzulernen, und ich glaube nicht, dass ich jemanden finde, der mich wirklich liebt und sich so für mich einsetzt, wie ich es verdiene.« **Denk daran: Um deine Wünsche zu manifestieren, musst du überzeugt davon sein, dass du sie verdienst, und dein Verhalten muss mit dieser Überzeugung übereinstimmen.** Entscheidest du dich aber, dich von dieser Person zu trennen, zeigst du dem Universum, dass du weißt, eine tiefere und stärkere Beziehung verdient zu haben. Es wird dir daraufhin deine(n) Seelenpartner*in in dein Leben ziehen.

Immer wenn du dich in irgendeinem Bereich deines Lebens »zufriedengibst«, hinderst du dich daran, das zu manifestieren, was du dir wirklich wünschst. Getrieben von niedrig schwingenden Ängsten und Zweifeln, begnügst du dich mit weniger, als du verdienst: durch Angst, dass du es nicht wert bist, das zu bekommen, was du dir wünschst, und Zweifel, dass du deine Träume jemals verwirklichen wirst.

Lern, deine Ängste und Zweifel zu bewältigen, um mühelos manifestieren zu können. Frag dich: »Womit gebe ich mich zufrieden, obwohl es nicht gut für mich ist? Wo verletze ich mein Selbstwertgefühl?« Führst du zum Beispiel toxische Freundschaften, die du nicht beenden kannst? Fast jede(r) meiner Klient*innen hat toxische Personen um sich herum, die sie auslaugen, negativen Einfluss auf ihr Selbstvertrauen ausüben und ihre Stimmung nach unten ziehen. Doch sie halten an diesen Freundschaften fest, weil sie diese

Menschen nicht verletzen oder verärgern wollen oder weil sie Angst davor haben, dann noch einsamer zu sein. Toxische Freundschaften und Beziehungen sind weitere Prüfungen, und nur wenn wir den Mut und die innere Stärke aufbringen, uns aus ihnen zu lösen, öffnen wir den Raum für gesündere Beziehungen.

Vergiss nicht: Deine Lebenszeit und deine Energie sind dein wertvollstes Gut, deshalb nutze sie klug!

FAQ

Q: Was ist, wenn ich bei einer Prüfung versage?
A: Ich bekomme oft Nachrichten mit den Worten: »Roxie, ich glaube, ich habe es vermasselt. Ich bin zu meinem Ex zurückgegangen, wir waren einen Monat lang zusammen, und dann hat er mich wieder betrogen. Ich fühle mich wie ein Idiot. Habe ich alles ruiniert?« Die Antwort lautet: Nein, natürlich nicht. Denk daran: Das Universum ist auf deiner Seite. Es wartet nur darauf, dass du das Licht siehst. Es bestraft dich nicht, wenn du es nicht auf Anhieb richtig machst. Wann immer du den energetischen Wandel vollziehst, um deine Prüfung zu bestehen, wirst du mit Fülle belohnt werden.

Prüfungen kommen aber auch ganz anders daher als in Form von zwischenmenschlichen Kontakten. Worauf du wirklich achten musst, sind die Prüfungen, bei denen es so aussieht, als wäre etwas genau das, worauf du gewartet hast, aber bei genauerem Hinsehen merkst du, dass dich irgendetwas daran stört. Stell dir vor, du bist auf der Suche nach deinem perfekten Haus und stößt auf eines, das es »fast« ist, aber eben doch nicht ganz. Würdest du es trotzdem nehmen, nur weil du Angst hast, nichts Besseres zu finden? Oder suchst du weiter nach dem richtigen Haus?

Ein enger Freund von mir, ein Visagist, wollte manifestieren, von einer bestimmten Agentur unter Vertrag genommen zu werden, die einige der angesehensten Kreativen der Welt vertritt. Er schrieb den Namen der Agentur auf sein Vision Board und begann daran zu arbeiten, Selbstliebe zu praktizieren, einige seiner einschränkenden Glaubenssätze loszulassen und sein Verhalten auszurichten, indem er regelmäßig auf seinen Social-Media-Kanälen seine Arbeit präsentierte und möglichst viele Aufträge annahm, um sein Portfolio und sein Know-how zu erweitern. In den nächsten Monaten wurde er selbstbewusster und hatte sich eine authentische Position innerhalb seiner Branche aufgebaut. Dann erhielt er eine E-Mail: Eine Agentur wollte ihn unter Vertrag nehmen, aber es war nicht die Agentur seiner Träume. Er stand vor einer wichtigen Entscheidung: Sollte er zusagen, weil er es vielleicht nie zu seiner Traumagentur schaffen würde? Oder sollte er ablehnen, weil er wusste, dass dieses Angebot nicht seinen Wünschen entsprach, und weiter warten? Eine sehr schwierige Situation! Entscheidungen wie diese fallen uns oft sehr schwer, denn sie erfordern unerschütterliches Vertrauen. Es kann zermürbend sein, ein »gutes Angebot« abzulehnen, nur weil es nicht hundertprozentig dem entspricht, was man sich vorgestellt hat. Mein Freund fühlte sich undankbar und sogar gierig bei dem Gedanken daran, das Angebot abzulehnen. Ich versuchte ihm klarzumachen, dass das nicht zutraf, sondern dass er wusste, was er wollte, und auf die Erfüllung seiner Wünsche wartete. Nach ein paar Tagen des Nachdenkens sagte er das Angebot ab. Fünf Monate später unterschrieb er bei der Agentur, die er auf seinem Vision Board notiert hatte.

Wir können jederzeit entscheiden, ob wir **eine Haltung des Mangels oder des Überflusses** einnehmen wollen. Die Mangelhaltung geht davon aus, dass es nicht genug Liebe, Glück oder Erfolg für alle gibt. Die Überflusshaltung dagegen vertraut darauf, dass es genug für alle gibt. Diese Haltung ist in jeder Phase des Manifestationsprozesses enorm wichtig, vor allem dann, wenn dich das Universum auf die Probe stellt. Bei jeder Prüfung kannst du wählen, ob du mit einer Mangelhaltung reagierst (es ist nicht genug für alle da) oder mit einer Haltung des Überflusses (es ist mehr als genug für alle da, und es gibt unendlich viele Möglichkeiten).

Stell dir vor, du bist auf der Suche nach einer perfekt sitzenden Hose und entdeckst in einem Geschäft eine tolle Jeans. Du gehst optimistisch in die Umkleidekabine, um sie anzuprobieren. Aber dann stellst du fest, dass sie nicht optimal für dich ist. Da du weißt, dass es auf der Welt unzählige Jeans mit unterschiedlichen Schnitten gibt, hängst du sie einfach wieder auf den Bügel und setzt deine Suche nach der perfekten Jeans fort. Du würdest keine Sekunde denken: »Es gibt nur eine Handvoll Jeans auf der Welt, also nehme ich lieber die, für den Fall, dass ich keine bessere finde.« Übertrag die Überflusshaltung auf *alle Bereiche* deines Lebens, um das, was du dir wirklich wünschst, zu manifestieren. Lass alles beiseite, was nicht das Richtige für dich ist, und sei dir bewusst, dass du es wert bist und verdienst, das zu bekommen, was optimal für dich ist.

Neben unserer Mangelhaltung ist unsere Ungeduld dafür verantwortlich, dass wir die Prüfungen des Universums oft nicht bestehen. Dann vergessen wir all die Details unserer Vision und greifen zum Nächstbesten, nur weil wir es dann schneller haben. Du hast doch bestimmt schon mal dein Haus oder deine Wohnung renoviert und neu eingerichtet. Wenn ja, dann weißt du, dass die Lieferzeiten für Möbel Monate betragen können, vor allem, wenn sie auf Bestellung produziert werden oder wenn du nach etwas ganz Besonderem und Einzigartigem suchst. Du steht also vor der Wahl: Suchst du dir Möbel aus, die zwar nicht ganz deinen Vorstellungen entsprechen, die aber schneller lieferbar sind, oder wartest du geduldig, um den perfekten Raum einzurichten, so wie du es dir eigentlich vorgestellt hast? Die Verwirklichung deines besten Lebens ist ein bisschen wie das Einrichten deiner Wohnung. Manchmal musst du etwas länger warten, als du gehofft hast, bis du den perfekten Raum zum Wohnen schaffen kannst. Den Raum, von dem du immer geträumt hast, den Raum, den du ganz am Anfang auf deinem Vision Board erschaffen hast.

WENN DIE DINGE NICHT SO LAUFEN, WIE DU WILLST

Andere Prüfungen bestehen in den Herausforderungen, mit denen wir konfrontiert werden, wenn etwas nicht so läuft, wie wir es geplant hatten, oder wenn wir eine Absage erhalten. Es kann sein, dass eine Reise, auf die du dich gefreut hast, storniert wird; dass ein Angebot für eine Wohnung oder ein Haus nicht zustande kommt; dass eine unerwartete Rechnung ins Haus flattert; dass du an der Universität nicht angenommen wirst, an der du dich beworben hast; oder dass du erfährst, dass ein potenzieller Verehrer inzwischen eine andere hat. Solche Situationen können dich aus der Bahn werfen und deine Zuversicht und dein Vertrauen in den Manifestationsprozess massiv erschüttern. Aber du solltest wissen: **Wenn die Dinge nicht so laufen, wie du es dir erhofft hast, ist das deine größte Chance, für dich selbst einzustehen und innere Stärke, Widerstandsfähigkeit und Mut zu entwickeln.**

Angenommen, du bist ein Schauspieler, der eine Hauptrolle in einer Fernsehserie bekommen möchte. Deine Manifestationsreise könnte etwa so aussehen: Auf das Vision Board schreibst du das Genre der Serie, in der du mitspielen willst; den Sender, auf dem du zu sehen sein möchtest; die Gage, die du dir pro Folge vorstellst; und vielleicht sogar den Namen des Regisseurs der Serie. Dann arbeitest du daran, deine Ängste und Zweifel zu identifizieren und zu überwinden, du richtest dein Verhalten auf dein Ziel aus, indem du in Schauspielunterricht investierst, Zeit und Energie in Castings steckst und proaktiv Zeit mit anderen Leuten aus der Branche verbringst, um von ihnen zu lernen. Dann ruft dich dein Agent mit der »perfekten Rolle« an. Du denkst: »O mein Gott, das ist es!« Du gibst beim Casting alles, wartest geduldig, und dann ruft man dich an, um dir zu sagen, dass du den Job nicht hast. Du bist natürlich fix und fertig. Nachdem du deine Enttäuschung verarbeitet hast, hast du die Wahl: Lässt du zu, dass dir die Absage dein ganzes Selbstvertrauen raubt und all die harte Arbeit, die du investiert hast, zunichtemacht, oder akzeptierst du, dass es wohl nicht das Richtige für dich war, bleibst in deiner Kraft und machst weiter? Einfach ausgedrückt: Entscheidest du dich dafür, den Glauben zu verlieren, oder vertraust du darauf, dass es da draußen etwas Besseres für dich gibt?

> *»WENN ETWAS IN DIE BRÜCHE GEHT, FALLEN DIE TEILE MANCHMAL AN IHREN EIGENTLICHEN PLATZ.«*
>
> UNBEKANNTER VERFASSER

Als ich mich entschloss, meine eigene Podcast-Serie mit dem Titel »The Moments that Made Me« zu starten, in der ich meine Gäste bitte, mir drei prägende Momente aus ihrem Leben zu schildern, musste ich erst einmal Leute kontaktieren, um sie zu fragen, ob sie Gäste sein wollten. Das machte mir von Anfang an Angst: Würden die Leute mich für lästig halten, weil ich sie frage? Würde jemand zusagen? Würde der Podcast ein totaler Reinfall werden? Ich hatte immer Angst davor, andere Leute um einen Gefallen zu bitten, weil ich befürchtete, beurteilt oder abgelehnt zu werden. Aber der Podcast war mir wichtig, und ich wusste, dass ich aus meiner Komfortzone ausbrechen und es einfach tun musste. Also nahm ich Stift und Papier zur Hand und schrieb eine Liste mit all den Leuten, mit denen ich Kontakt hatte und die ich anschreiben konnte. Die erste Person, die ich kontaktierte, war ein Prominenter, der zu dieser Zeit Juror in einer Reality-Show war. Ich schrieb ihm eine nervöse SMS und fragte, ob er mein Gast sein wolle. Die Antwort kam sofort. Als ich sie öffnete, stand da etwas in der Art, dass es ihm leidtäte, aber dass er sich nicht wohl dabei fühlen würde, sein Privatleben mit mir zu teilen, und mir deshalb bei diesem Projekt nicht helfen könne. Ich erinnere mich, dass ich ein mulmiges Gefühl in der Magengegend hatte – es war mir megapeinlich, dass ich überhaupt gefragt hatte, und ich empfand die Antwort als völlige Ablehnung. Dann erinnerte ich mich wieder daran, dass ich ja die Wahl hatte. Ich konnte mich dafür entscheiden, mich und mein Selbstvertrauen dadurch unterkriegen zu lassen und die Reise zu beenden, bevor sie überhaupt begonnen hatte. Oder ich konnte mich dafür entscheiden, anzuerkennen, dass dies einfach eine Prüfung des Universums war, die ich bewältigen musste. Ich änderte meine Denkweise: Die Entscheidung dieser Person, ihre Geschichte nicht zu erzählen, war keine persönliche Ablehnung, sondern ein völlig berechtigter und nachvollziehbarer Grund. Es bedeutete nicht, dass alle, die ich fragte, die gleiche Antwort geben würden. Im nächsten Moment schickte ich fünf weiteren

Personen eine Anfrage. Alle sagten zu. Ende 2020 hatte ich achtundzwanzig Folgen aufgenommen, also genau die Anzahl, die ich mir auf meinem Vision Board Anfang des Jahres vorgenommen hatte (ich kann dir beim besten Willen nicht sagen, warum ich mich für diese Zahl entschieden habe, sie kam einfach so). Im Mai 2021 hing das Plakat für meinen Podcast an neunzig Werbetafeln in ganz London! Es war so überwältigend, meinen Podcast in der ganzen Stadt beworben zu sehen, dass ich vor Stolz schier platzte. Hätte ich meine Komfortzone nie verlassen und die Prüfung, die mir gestellt wurde, nicht bestanden, wäre das nie geschehen!

Die Schriftstellerin und Okkultistin Helena Blavatsky soll Ende des 19. Jahrhunderts als Erste über das Manifestieren geschrieben haben. In ihrem Buch *Die Geheimlehre* schrieb sie, dass wir keine Angst vor unseren Schwierigkeiten haben sollten. Dass wir uns nicht wünschen sollten, unter anderen Umständen zu leben, als wir sie nun mal haben. Auch sie wusste: Wenn wir das Beste aus einem Unglück machen, nutzen wir es als großartige Chance. Als ich ihre Zeilen zum ersten Mal las, konnte ich nicht aufhören zu lächeln. Diese schönen Gedanken, die vor über hundert Jahren geschrieben wurden, bestätigten etwas, das ich intuitiv als wahr erkannt hatte: Wir werden mit neuen Möglichkeiten belohnt, wenn wir die Prüfungen des Universums meistern.

> WER PRÜFUNGEN MEISTERT, ENTWICKELT EINE INNERE STÄRKE, DIE MAGNETISCH IST.

Eine Teilnehmerin meiner Manifestations-Webinare schrieb mir auf Instagram: »Ich habe in den letzten Wochen an meinem Manifestationsprozess gearbeitet, und dann habe ich letzten Montag ein Vorstellungsgespräch in meinem Traumunternehmen bekommen. Ich bin neu in der Branche und konnte erst gar nicht glauben, dass ich überhaupt eingeladen wurde. Ich dachte wirklich, ich hätte manifestiert, was ich haben wollte, aber dann habe ich den Job nicht bekommen. Ich fühle mich total verloren und niedergeschlagen und weiß nicht, was ich jetzt tun soll.« Ich konnte mit ihr mitfühlen. Das Gefühl der Enttäuschung nach Tagen oder Wochen der hoffnungsvollen Aufregung kann sehr schmerzhaft sein. Aber auch sie hatte die Möglichkeit, eine Entscheidung zu treffen. Sie konnte sich entscheiden, aufzugeben und sich in dem Gefühl der Ablehnung zu suhlen, oder sie konnte sich entscheiden, ihre innere Reaktion zu ändern. Sie könnte sich zum Beispiel sagen: »Ist es nicht unglaublich, dass ich als Neuling in der Branche so schnell ein Vorstellungsgespräch für eine Traumstelle bekommen habe? Ich kann aus dem, was ich bei der Vorbereitung und im Vorstellungsgespräch selbst gelernt habe, echten Nutzen ziehen, und das wird mir helfen, wenn ich die perfekte Stelle finde.« Das wäre eine hoch schwingende und selbstbewusste Reaktion auf die Absage.

Mit diesem Hinweis eröffnete ich ihr eine neue Perspektive und erklärte ihr, dass die Absage Teil des Prozesses ist. Ich ermutigte sie, die Prüfung darin zu erkennen, ihre Gedanken neu zu sortieren und ihre Schwingung hoch zu halten, indem sie sich jeden Abend vor dem Schlafengehen einige Karriere-Affirmationen anhörte. Drei Wochen später schrieb sie mir wieder: »Ich danke dir, dass du mir dabei geholfen hast, die Dinge neu zu betrachten. Seit deinem letzten Manifestations-Workshop habe ich tatsächlich alles erreicht, was ich mir gewünscht habe. Obwohl ich erst gezweifelt habe und frustriert war, weil sich keine schnellen Erfolge eingestellt haben, so wie ich es mir gewünscht hätte, hat sich alles, was ich dabei gelernt habe, ausgezahlt. Ich bin gerade unterwegs zur Einarbeitung in meinen neuen Job, und morgen geht es richtig los.«

Manchmal weiß das Universum, dass du mehr verdienst als das, was du dir wünschst. Deshalb bekommst du dann auch nicht das, was du dir wünschst, weil es dir etwas Besseres geben will. Vertrau darauf, dass das Universum immer nur dein Bestes will. Wenn dich die Person, mit der du dich getroffen hast, nach vier Monaten Beziehung ghostet, dann akzeptier, dass sie nicht die richtige für dich war. Wenn ein Plan in letzter Minute abgesagt wird, sollte es nicht sein. Beim Manifestieren geht es manchmal nur darum, dass du dich aufrappelst, den Kopf oben hältst und das Beste aus einer Erfahrung machst, weil du weißt, dass es immer wieder eine Lektion zu lernen gibt und danach etwas Größeres auf dich wartet.

Sei dir auf deiner Manifestationsreise bewusst, dass es zu Prüfungen kommt. Wenn sie sich dir stellen, dann lass nicht zu, dass sie deine Schwingung senken und dich vom Kurs abbringen. Nutze sie, um deine Manifestationskraft zu stärken, indem du dem Universum zeigst, dass du dich selbst wertschätzt und daran glaubst, dass du es wert bist, Fülle in dein Leben zu ziehen. Steh für dich selbst ein, wenn es nötig ist; lehne verlockende Gelegenheiten ab, wenn sie nicht alle deine Anforderungen erfüllen; bleib stark, wenn du mit Ablehnung konfrontiert wirst; und vertrau darauf, dass sich alles so entwickeln wird, wie es sein soll.

In diesem Buch verwende ich oft das Wort »entscheiden« oder »wählen«. Das hängt damit zusammen, dass unsere Macht, eine Entscheidung oder eine Wahl zu treffen, eines unserer größten Manifestationswerkzeuge ist. Wir können entscheiden, welche Visionen wir erschaffen, welche Gedanken wir hegen, mit wem wir Zeit verbringen, wie wir unsere Energie investieren, welches Verhalten wir von anderen akzeptieren, welche Ängste und Zweifel wir loslassen und wie wir auf Prüfungen des Universums reagieren. Die Entscheidungen, die du triffst, bestimmen, wer du wirst und was du in deinem Leben manifestierst.

Einer meiner Lieblingssätze lautet: »Manchmal gewinnst du, manchmal lernst du.« Er erinnert mich daran, dass wir aus allem etwas Wertvolles lernen können. Anstatt die Dinge als »falsch« oder »richtig« zu bewerten, kannst du in ihnen die Chance zum Lernen, zur Weiterentwicklung und zum persönlichen Wachstum sehen. Deshalb ist dieser Schritt für mich persönlich am wichtigsten: Wenn du in der Lage bist, Herausforderungen als Prüfungen zu sehen, die du bewältigen kannst, lässt du viel unnötigen Stress los und reitest stattdessen die Wellen des Lebens mit viel mehr Leichtigkeit und Flexibilität. Diese Leichtigkeit ermöglicht es dir, deine Schwingung zu erhöhen, und lässt dich noch kraftvoller und müheloser manifestieren.

SCHRITT 5

SEI DANKBAR (OHNE VORBEHALTE)

»Ein dankbares Herz zieht Wunder magnetisch an.«

UNBEKANNTER VERFASSER

In der Einleitung habe ich bereits erwähnt, dass die verschiedenen Emotionen unterschiedliche Schwingungsfrequenzen haben, denken wir an Scham, Wut, Eifersucht und Schuldgefühle – oder Freude, Glück, Liebe, inneren Frieden, Zufriedenheit und Wertschätzung. Letztere haben eine hohe Schwingungsfrequenz. Das Universum vernimmt nicht so sehr unsere Gedanken, sondern reagiert vielmehr auf die Frequenzen, die diese Gedanken erzeugen: **Wir ziehen das an, was wir empfinden.**

Als ich zum ersten Mal hörte, dass unsere Gefühle die Macht haben, unsere Realität zu gestalten, wusste ich instinktiv, wie sehr dies der Wahrheit entspricht. Ich erinnerte mich an unzählige Situationen, in denen ich niedrig schwingende Emotionen (wie Wut, Traurigkeit und Verzweiflung) erlebte und infolgedessen negative Situationen manifestierte. Auch wenn ich es mir damals nicht eingestand, manifestierte ich wirklich ständig negative Umstände, um dadurch meine Überzeugung zu untermauern, dass ich wertlos und das Leben ungerecht sei. Ich malte mir in meiner Vorstellung die schlimmsten Szenarien aus, und wenn sie dann in der Realität eintraten, sagte ich: »Ich wusste ja, dass genau das passieren würde.«

So kündigte ich im Alter von zweiundzwanzig Jahren zum Beispiel meinen ersten Nine-to-five-Job bei Diageo und beschloss, mich selbstständig zu machen. Ich wollte ja schon immer Frauen unterstützen und kam auf die Idee, meine Begeisterung für Mode zu nutzen, um das Selbstbewusstsein von Frauen durch die Art ihrer Kleidung zu fördern. Also beschloss ich, »Modestylistin« zu werden, und fragte bei potenziellen Kundinnen (meine Freundinnen und Bekannten) an, ob ich ihnen dabei helfen dürfte, ihre Garderobe umzugestalten. Aber bei jeder Anfrage hörte ich meine innere Stimme sagen: »Keine wird zusagen, weil jede weiß, dass du nicht gut genug bist.« Und wenn die Damen dann wirklich absagten, flüsterte die Stimme: »Ich hab's dir ja gleich gesagt.«

Nur so viel: Meine Karriere als »Stylistin« kam nie in Schwung, und innerhalb von zwei Jahren schaffte ich es nur, eine einzige zahlende Kundin zu gewinnen, bevor ich beschloss aufzugeben. Der Misserfolg lag einzig und allein an meinem mangelnden Selbstwertgefühl und dem ständigen Festhalten an niederen Gefühlen, die mich ausbremsten. Ich hatte einfach nicht das Selbstvertrauen oder den Mut, zu handeln oder weiterzumachen, sobald sich mir Hindernisse in den Weg stellten.

Das ist nur ein Beispiel, aber in Wirklichkeit habe ich ein ganzes Jahrzehnt damit verbracht, nach Beweisen dafür zu suchen, dass ich eine Versagerin war, verdammt zum Unglücklichsein. Heute weiß ich, dass ich selbst dafür verantwortlich war, so lange in diesem Zustand der Stagnation festzusitzen. **Die Kraft zum Manifestieren hatte ich schon immer, aber ich habe sie falsch eingesetzt.**

Fällt dir eine Situation ein, in der du wütend, eifersüchtig oder ängstlich warst und dann etwas Negatives manifestiert hast? Und bestimmt kennst du die Situation, dass du morgens verschlafen hast und müde und miesepetrig bist. Du wachst mit schlechter Laune auf und wirst diese niedrige Schwingung einfach nicht mehr los. Beim Frühstück verschüttest du deinen Kaffee, du verlässt das Haus, und auf halbem Weg zum Bahnhof fällt dir ein, dass du dein Handy zu Hause vergessen hast. Also rennst du zurück, um es zu holen, und verpasst prompt deinen Zug. Das ist so ein Tag, an dem du dir denkst: »Ach, das ist einfach einer dieser Tage!« Glaubst du wirklich, dass es ein Zufall ist, wenn solche Dinge oft passieren, wenn du etwas länger darüber nachdenkst? Kürzlich ärgerte ich mich über einen Fehler, den ich bei der Arbeit gemacht hatte, und als ich den Raum verließ, stieß ich mir auch noch den Zeh an der Tür. Ich konnte nicht anders, als laut zu lachen. Denn es fühlte sich an wie eine kleine Botschaft des Universums, das mir mitteilen wollte: »Hey, vergiss nicht, dass ich dich immer beobachte.« **Unsere Schwingung ist entscheidend.**

Als mir erstmals klar wurde, dass wir nicht nur die Macht haben, Fülle anzuziehen, sondern auch Negatives, geriet ich in Panik. Vielleicht liest du das gerade und bekommst auch ein bisschen Angst. Wahrscheinlich denkst du: »Heißt das, dass ich jedes Mal, wenn ich wütend bin, etwas Schlechtes anziehe? Oder dass mir an den Tagen, an denen ich mit einem schlechten Gefühl aufwache, etwas Schreckliches passiert? Es kann doch keiner von mir erwarten, dass ich immer gut drauf bin, oder?« Nein, das kann man natürlich nicht von dir erwarten, und es ist wichtig, dass wir uns selbst Raum geben, um das gesamte Spektrum an Emotionen zu fühlen, zu akzeptieren und wertzuschätzen. Was sollen wir also tun, wenn uns mal wieder ein niedrig schwingendes Gefühl überrollt? **Wir greifen zurück auf die Dankbarkeit.**

Dankbarkeit gilt als ein wertschätzendes Gefühl mit extrem hoher Schwingungsfrequenz. Sie ist eines der kraftvollsten emotionalen Werkzeuge, die uns zur Verfügung stehen, und wenn wir wissen, wie wir sie praktizieren können, hilft sie uns sofort aus jedem Stimmungstief heraus, verwandelt unseren emotionalen Zustand und unsere Schwingung und lässt uns die gesamte Fülle des Universums erfahren. An Tagen, an denen wir müde, niedergeschlagen, wütend, eifersüchtig, nachtragend oder ängstlich sind, nehmen wir uns einen Augenblick Zeit, um innezuhalten, still zu werden und dann tiefe Dankbarkeit zu empfinden. So meistern wir jede niedrig schwingende Emotion, die wir gerade durchleben.

DIE DREI KATEGORIEN DER DANKBARKEIT

Dankbarkeit für das eigene Ich. Das bezieht sich auf alles, was du an dir selbst magst. Zum Beispiel: Ich bin dankbar für meine Kraft, ich bin dankbar für meine Gesundheit, ich bin dankbar für meinen Verstand.

Dankbarkeit für dein Leben. Das betrifft alles, was du in deinem Leben zu schätzen weißt. Zum Beispiel: Ich bin dankbar für meinen Job, für meine Familie und Freunde, für meinen Wohnort.

Dankbarkeit für die Welt um dich herum. Das betrifft alles um dich herum, wofür du dankbar bist und das für alle Menschen gleichermaßen gilt. Zum Beispiel: Ich bin dankbar für den Sonnenschein, ich bin dankbar für Beziehungen, ich bin dankbar für die Möglichkeit, zu reisen und neue Kulturen kennenzulernen.

Diese drei Kategorien helfen dir dabei, Dankbarkeit zu entwickeln und zu praktizieren.

Hinweis: An manchen Tagen bist du vielleicht nicht in der Lage, inmitten eines besonders intensiven Gefühls von Angst, Traurigkeit oder Wut Dankbarkeit für dich selbst oder für dein Leben zu empfinden. Deshalb habe ich die drei Kategorien der Dankbarkeit zusammengestellt, damit du immer etwas findest, wofür du dankbar sein kannst: Wenn es dir heute schwerfällt, für dein eigenes Leben dankbar zu sein, konzentrier dich auf deine Dankbarkeit für etwas Universelles. Denn es gibt *immer* etwas, wofür du dankbar sein kannst, wenn du dir die Zeit nimmst, dich darauf zu besinnen.

Dankbarkeit für das, was wir haben, macht uns zufrieden, präsent und ruhig. Wir erhöhen augenblicklich unsere Schwingung. Lass mich es dir zeigen: Nimm dir jetzt eine Sekunde Zeit, und denk an etwas, für das du wirklich dankbar bist. Denk daran, visualisiere es klar, und lass das Gefühl der Dankbarkeit durch deinen Körper strömen. Merkst du, wie sich dein Körper verändert, wenn du an etwas denkst, für das du wirklich dankbar bist? Deine Muskeln entspannen sich, du beginnst vielleicht unbewusst zu lächeln und wirst sofort ruhiger.

Etwa einen Monat nachdem ich das Manifestieren für mich entdeckt hatte, stieß ich auf Dr. Joe Dispenza. Ich hörte ihn in einem Podcast mit Gwyneth Paltrow sprechen, und sobald er fertig war, tippte ich seinen Namen bei YouTube ein und verfolgte aufmerksam seine Vorträge in unzähligen Videos. Ich fand sein Wissen und seine Leidenschaft unglaublich aufschlussreich und inspirierend. Aber eine Erkenntnis, die er mit uns teilt, hat mich wirklich beeindruckt und meine eigene Manifestationsreise nachhaltig geprägt: Laut Studien können wir innerhalb von nur vier Tagen unser Immunsystem um 50 Prozent stärker machen, wenn wir dreimal täglich zehn Minuten lang unsere Angst in Dankbarkeit, Wertschätzung und Freundlichkeit verwandeln.

Wie unglaublich ist das denn? Wenn du deine Ängste und Zweifel durch Dankbarkeit ersetzt, kann das tatsächlich deine Physiologie und dein Zellverhalten verändern, deine Schwingungsfrequenz erhöhen und dich sogar vor Krankheiten schützen. Das war ein gewaltiger Weckruf für mich. Dies war der wissenschaftliche Beweis für die unglaubliche Macht unseres Geistes – die Macht, die wir haben, um unsere Realität zu verändern – und der Beweis für die immense Kraft der Dankbarkeit. Seit diesem Moment ist Manifestieren für mich die Verbindung aus Wissenschaft und Weisheit. Die Erkenntnis, dass wir unseren Geist dazu nutzen können, um unsere Energie zu verändern, unsere Schwingungsfrequenz zu erhöhen und damit unsere Realität zu verändern. Und Dankbarkeit war der Kern des Ganzen.

Plötzlich ergab alles einen Sinn: Ich blickte zurück auf meine bisherige Reise und mein eigenes Verhalten bis zu diesem Zeitpunkt. Wenn ich ehrlich zu mir selbst war, hatte ich nie echte Dankbarkeit empfunden. Ich beklagte mich ständig über das, was ich nicht hatte, war neidisch auf andere und wollte das haben, was sie hatten. Oder ich wartete darauf, dass etwas oder jemand in mein Leben trat und mich auf magische Weise glücklich machte. Vielleicht kennst du das ja auch? Wie oft hast du schon gedacht: »Ich werde glücklich sein, wenn …« oder »Ich wäre glücklich, wenn ich auch dies und jenes hätte«? Dieses Denkmuster ist sehr einschränkend, weil es uns im Mangeldenken gefangen hält. Die Botschaft an das Universum besagt: »Mein Leben ist defizitär« oder »Ich habe nicht genügend«, und genau das wird das Universum dir weiterhin geben: Mangel und Knappheit.

Aber dieses Muster schränkt dich auch auf andere Weise ein: Darauf zu warten, dass deine Gefühle von außen beeinflusst werden, raubt dir deine eigene innere Kraft. Es hindert dich daran, die Verantwortung für dein eigenes Glück zu übernehmen.

> UM MANIFESTIEREN ZU KÖNNEN, MÜSSEN WIR ZUALLERERST VERSTEHEN, DASS WIR DIE GESTALTER*INNEN, ARCHITEKT*INNEN UND DIRIGENT*INNEN UNSERES LEBENS UND UNSERES SCHICKSALS SIND.

Wenn du mich damals gefragt hättest, ob ich glücklich bin, hätte ich geantwortet: »Ja, absolut!« Ich war wirklich überzeugt davon, aber ich hätte auch Sachen gesagt wie zum Beispiel: »Ich weiß, dass ich in vielerlei Hinsicht Glück habe, aber wenn ich eine Beziehung hätte, wäre ich noch glücklicher.« Meine Dankbarkeit war immer mit Vorbehalten verbunden, und das verhinderte, dass ich echte Dankbarkeit empfand.

Mir fiel auf, dass die Menschen ihre Dankbarkeit fast immer mit Vorbehalten versahen. Das drückte sich in Sätzen aus wie zum Beispiel: »Ich liebe mein Haus, aber ich kann es kaum erwarten, irgendwo zu wohnen, wo ich mehr Platz habe« oder »Ich liebe meinen Job, aber ich will endlich mehr Gehalt« oder »Der Verkauf ist heute super gelaufen, aber eigentlich wollte ich um diese Zeit schon ausverkauft sein«. Diese Vorbehalte kommen so selbstverständlich und automatisch, dass die meisten Menschen sich ihrer gar nicht bewusst sind.

Ich fragte mich, warum das so ist, und kam zu dem Schluss, dass Zufriedenheit wohl für viele Leute unbewusst so etwas wie Stillstand ist. Warum sollten wir zum Beispiel auf eine Beförderung hinarbeiten, wenn wir für unser aktuelles Gehalt total dankbar sind? Und bedeutet Zufriedenheit mit unserem Haus nicht, dass wir auf der Stelle treten? Dahinter steht der Glaubenssatz, dass aufrichtige und tief empfundene Dankbarkeit zulasten von Tatendrang, Motivation und unserer Entwicklungsfähigkeit geht. Diese Angst will ich dir nehmen: Echte Dankbarkeit, ganz ohne Vorbehalte, hindert dich an gar nichts. Sie ist vielmehr ein wesentlicher Bestandteil deiner Manifestationsreise.

> Du musst dir über deine Vision und deine Ziele im Klaren sein und gleichzeitig für alles dankbar sein, was du momentan hast: Das nenne ich den Optimalpunkt des Manifestierens.

Ich erzähle dir eine kleine Geschichte, wie ich diesen Schritt genutzt habe, um mein jetziges Zuhause zu manifestieren.

Als ich erfuhr, dass ich in der zehnten Woche mit meinem Sohn schwanger war, hatte ich keine Arbeit, verdiente nur wenig Geld und hatte keinen Plan, was ich mit meinem Leben anfangen sollte. Ein paar Monate zuvor hatte ich das Treffen mit Wade manifestiert, aber ich war nicht auf das gefasst, was dann geschah: Ich wurde schwanger. Ich wohnte in einer schönen Wohnung, die ich mir nicht mehr leisten konnte, und Wade und ich wussten nicht, wo wir hinsollten. Mein Vater bot mir netterweise an, in seine Wohnung in Waterloo zu ziehen. Ich kam in eine extrem heruntergekommene Wohnung, die von den Vormietern völlig verwahrlost hinterlassen worden war, sofort schlug mir Gestank entgegen. Die Einrichtung war noch dieselbe wie beim Kauf vor über zweiundzwanzig Jahren, aber jetzt hatte die Tür ein Loch, die Wände waren mit Flecken übersät, die Fliesen im Bad verschimmelt, und aus der Dusche tröpfelte es nur. Ich dachte: »Ich bin achtundzwanzig Jahre alt, bekomme ein Baby von einem Mann, den ich erst vor drei Monaten kennengelernt habe, und das ist ganz und gar nicht das Leben, das ich mir vorgestellt habe: arbeitslos, schwanger und dann noch dieses Loch.« Ich hatte doch ein glamouröses Leben manifestiert! Und das hier war alles andere als glamourös. Wie eine kleine Göre meckerte ich ständig an allem herum und stellte mir intensiv vor, wo ich demnächst wohnen würde, weil ich der Meinung war, das sei ausreichend, um meinen Wunsch zu manifestieren. Ich zucke zusammen, wenn ich nur daran denke.

Aber die Zeit verging, und als mein Babybauch wuchs, verfiel ich in den »Nestbau-Modus«. Also verkaufte ich alles auf Flohmärkten, für das ich keinen Platz mehr hatte, und gestaltete die Wohnung zu einem echten Zuhause für Wolfes Ankunft. Sie gefiel mir immer besser, aber ich war immer noch der Meinung, sie sei gerade gut genug für den Moment. Ich versuchte, dankbar zu sein, weil ich wusste, dass das wichtig war, aber ich meinte es nicht wirklich ernst.

Dann kam die Covid-19-Pandemie, und Premierminister Boris Johnson verkündete, dass wir jetzt alle »zu Hause bleiben müssen, um Leben zu retten«. Das Haus, in das ich nur mit Widerwillen eingezogen war, wurde nun zu meinem Zufluchtsort – mein Zuhause, mein Büro, mein Fitnessstudio und meine Spielwiese. Und: Ich habe mich total darin verliebt. Ich hatte sehr viel Zeit zum Nachdenken, und irgendwann fiel bei mir der Groschen: »Ich bin so glücklich, ein Dach über dem Kopf zu haben. Ich liebe das Heim, das ich für meine kleine Familie geschaffen habe. Ich habe das unglaubliche Glück, in einer Wohnung zu leben, für die mein Vater hart gearbeitet hat. Ich bin wirklich glücklich und zufrieden, hier zu sein.« Das kam aus ganzem Herzen. Ich spürte, wie mich tiefe Dankbarkeit erfüllte. Dann fragte mich Wade auf einem unserer Spaziergänge: »Wie sieht eigentlich dein Traumhaus aus?« Ich beschrieb ihm meine Vorstellung von einer Kücheninsel mit einem zweitürigen Kühlschrank und Arbeitsflächen aus Marmor sowie eine herrliche Badewanne zum Eintauchen. Mein Traumhaus! Am nächsten Tag ging ich auf Instagram und entdeckte das Video einer Freundin, das sie beim Training in ihrer Wohnung zeigte *mit genau so einer Kücheninsel im Hintergrund.* Ich schickte ihr eine Nachricht: »Wow, dein Zuhause ist wunderschön!« Keine Minute später antwortete sie: »Willst du es kaufen?« Im Scherz fragte ich: »LOL, für wie viel?«

Auf wundersame Weise fügte sich das Timing, und die Wohnung, die eigentlich viel zu teuer für mich gewesen wäre, wurde zu einem Preis angeboten, den ich mir tatsächlich leisten konnte. Denn in der Zwischenzeit hatte ich mir meine berufliche Existenz aufgebaut und arbeitete extrem hart (das heißt, ich richtete mein Verhalten entsprechend aus und war aktiv!). Aber tief in meinem Herzen wusste ich, dass es meine aufrichtige Dankbarkeit für das war, was ich bereits besaß – sie hatte mich dazu gebracht, innerhalb weniger Tage mein Traumzuhause zu manifestieren.

Wenn du etwas in deinem Leben manifestieren willst, musst du dir über deine Vision im Klaren sein, deine Ängste und Zweifel hinter dir lassen, dein Verhalten darauf ausrichten, die Prüfungen des Universums bestehen und dann ohne Vorbehalte echte Dankbarkeit für alles empfinden, was du derzeit hast. Erlaub diesem Gefühl der Wertschätzung, deinen gesamten Seinszustand zu verändern. Spür, wie die Dankbarkeit deine Schwingung anhebt und dich in ein Mindset der Fülle versetzt.

> DU KANNST DIE SCHÖNHEIT DIESER WELT NUR DANN ERLEBEN, WENN DU BEREIT BIST, SIE AUCH ZU SEHEN.

Wenn du bereit bist, all die Schönheit, die Liebe und den Reichtum zu sehen, die bereits in deinem Leben vorhanden sind, wirst du mühelos mehr Schönheit, mehr Liebe und mehr Reichtum anziehen.

Um in einer »Haltung der Dankbarkeit« zu leben, müssen wir sie zu einem Teil unseres Wesens machen. Nur wenn wir sie immer und immer wieder praktizieren, programmieren wir unsere Nervenbahnen so um, dass wir uns automatisch auf das Gute in unserem Leben konzentrieren und nicht auf das Schlechte. Auf diese Weise veränderst du deinen Grundzustand, lenkst deine Aufmerksamkeit auf die Fülle und sorgst für einen mühelosen Manifestationsprozess. **Denk daran, dass Energie deiner Aufmerksamkeit folgt.** Konzentrier dich deshalb auf das Gute – und mehr Gutes wird zu dir kommen.

Die folgenden Tipps helfen dir dabei, Dankbarkeit zu entwickeln und zu leben (ohne Vorbehalte).

Journaling

Ich liebe Journaling absolut, und ich nutze dieses Tool zur persönlichen Weiterentwicklung so oft wie möglich. Durch konsequentes Schreiben von Dankbarkeitstagebüchern kannst du dein Gehirn auf neurologischer Ebene darauf trainieren, sich auf das Gute in deinem Leben zu konzentrieren, was es zu einer kraftvollen Manifestationspraxis macht.

Hier zwei Anregungen für ein Dankbarkeitstagebuch:

Technik 1: Dankbarkeitslisten. Schreib jeden Abend oder jeden Morgen fünfzehn Dinge auf, für die du dankbar bist. Ich wähle gern fünf Punkte aus jeder der drei oben genannten Dankbarkeitskategorien aus. Ich beginne also mit fünf Dingen, für die ich bei mir selbst dankbar bin (zum Beispiel bin ich dankbar für meine Resilienz), dann fünf Dinge, die im Laufe des Tages passiert sind (zum Beispiel bin ich dankbar für die Zeit, die ich mit meinem kleinen Jungen verbracht habe), und schließlich fünf Dinge, für die ich der Welt dankbar bin (zum Beispiel bin ich dankbar für das Rauschen des Meeres).

Technik 2: Positivitätsjournal. Das ist meine Lieblingsmethode, ich habe sie letztes Jahr für mich selbst entwickelt. Schreib jeden Abend auf, was dir an diesem Tag Gutes begegnet ist – vom Aufwachen bis zum Schlafengehen. Ich meine wirklich alles: den Sonnenschein, das Lächeln eines Unbekannten, die aufmerksame Nachricht eines Freundes und das Meme auf Social Media, das dich zum Lachen gebracht hat. Schreib alles in chronologischer Reihenfolge auf. So oft vergeht der Tag wie im Flug, und wir merken gar nicht, wie viele schöne Momente er uns bereitet hat. Wir nehmen sie nicht mal wahr und wertschätzen sie nicht. Wir denken sogar, dass ein ganzer Tag »schlecht« war, nur weil es einen weniger guten Moment darin gab. Aber wenn wir uns Zeit nehmen und uns all das Gute vor Augen führen, das wir erlebt haben, merken wir schnell, dass jeder einzelne Tag unglaublich viel mit sich bringt, für das wir dankbar sein dürfen. Nach ein paar Wochen ertappst du dich vielleicht plötzlich dabei, dass du die Straße entlanggehst und denkst: »Wow, was für ein tolles Haus«, weil du endlich die unglaubliche Architektur wahrnimmst, an der du bisher jeden Tag achtlos vorbeigegangen bist. Oder du schätzt die Tasse Tee, die dir dein Partner oder deine Partnerin jeden Morgen ans Bett bringt, oder das freundliche Lächeln, das dir die Mitarbeiterin am Empfang schenkt, wenn du morgens ins Büro kommst. Weil du mehr von dem Guten um dich herum wahrnimmst, erhöht sich auch deine Schwingung im Laufe des Tages, jeden Tag.

Ich habe diese Praxis entwickelt, als ich mich letztes Jahr in einer beruflichen Hängepartie befand. Ich litt unter dem schon erwähnten Hochstapler-Syndrom und hatte das Gefühl, mit einigen meiner Wünsche nicht weiterzukommen. Ich hatte ein Notizbuch geschenkt bekommen, auf dessen Vorderseite »Positivität« stand, und so beschloss ich, es in mein »Positivitätsjournal« zu verwandeln, um aus meiner Krise rauszukommen. Zwei Wochen lang schrieb ich jeden Abend in das Buch. Am Ende der zwei Wochen erzielte ich dann einen wahren Durchbruch, und eine meiner Visionen wurde Wirklichkeit: Ich sollte für die britische Vogue einen Artikel über das Manifestieren schreiben. Ich war gerade mitten in einem Online-Workout (da kommen mir anscheinend immer die besten Ideen) und hörte eine innere Stimme, die sagte: »Wenn du wirklich für die Vogue schreiben willst, musst du schon was dafür tun. Verlass deine Komfortzone und schick ihnen eine E-Mail. Das Schlimmste, was dir passieren kann, ist eine Absage.« Also unterbrach ich meinen Pilates-Kurs und bot der Digital-Media-Redakteurin Kerry McDermott in einer E-Mail an, für das Online-Magazin einen Beitrag über das Manifestieren zu schreiben. Nur wenige Stunden später antwortete sie: »Zufällig habe ich letzte Woche einen Artikel über Manifestation in Auftrag gegeben, der morgen eingereicht wird. Ich stelle den Kontakt zur Autorin, Giselle La Pompe-Moore, her, dann bist du auch dabei.« Ich hatte sie genau zum richtigen Zeitpunkt angeschrieben. Hätte ich nicht sofort gehandelt, als mir die Inspiration kam, hätte ich die Chance verpasst. Für mich war das die perfekte Demonstration, wie man durch Handeln manifestiert: Ich hatte die Vision, für die Vogue zu schreiben, nutzte Dankbarkeit, um meine Selbstzweifel zu überwinden, und dann ließ ich alle Ängste und einschränkenden Glaubenssätze los, dass ich es nicht wert sei, indem ich mein Verhalten darauf ausrichtete und in Aktion trat. Ich kann dir gar nicht sagen, wie stolz ich war, als ich den Artikel sah: Mein inneres Kind kreischte regelrecht!

Das Gute aufzählen

Wann immer du dich in einem ähnlichen Stimmungstief befindest, kannst du dich mithilfe dieser einfachen Technik, die du jederzeit durchführen kannst, wieder aufrappeln. Halt einfach einen Moment inne, und zähl dann ohne langes Nachdenken alles auf, wofür du dankbar bist, bis du spürst, dass sich etwas in dir verändert. Du kannst es auch in die Notiz-App auf dem Smartphone eintragen, dir oder einer Freundin laut vorsagen oder es in dein Journal schreiben.

Ich wende diese Technik immer an, wenn ich mich aufrege oder ärgere oder wenn ich mich beim Aufwachen ein bisschen »daneben« fühle. Sie dauert nur ein paar Minuten und ist eine einfache, aber effektive Dankbarkeitsübung. Zähl einfach all die guten Dinge auf.

Sag nicht »ich muss«, sondern »ich darf«

Ich erinnere mich an eine meiner ersten Spinning-Stunden in London in einem Studio mit dem treffenden Namen *Psycle*. Die Session erreichte allmählich ihren Höhepunkt: Ich schwitzte, keuchte, meine Beine wurden müde und schwer, und alles, woran ich denken konnte, war, wie sehr ich mir wünschte, dass die Stunde endlich vorbei wäre. Als ob er meine Gedanken gelesen hätte, rief der Trainer durchs Mikrofon: »Denkt dran: Ihr *müsst* nicht hier sein, ihr *dürft* hier sein!« Da ging mir ein Licht auf. Ich hatte mir selbst ausgesucht, hier zu sein – niemand hatte mich gezwungen, auf das Rad zu steigen. Jede und jeder hier bei diesem Kurs hatte das Glück, einen gesunden Körper zu besitzen, der es ihr oder ihm erlaubte, in die

Pedale zu treten, ein solches Kursangebot wahrnehmen und sich die Teilnahme leisten zu können. Im Moment der höchsten körperlichen Erschöpfung gab es so viel, für das ich dankbar sein konnte, warum wünschte ich mir dann diese Erfahrung weg? Der Trainer veränderte meine Perspektive voll und ganz: Er holte mich sofort in den gegenwärtigen Augenblick zurück, und mich durchströmte tiefste Dankbarkeit.

Dieser Perspektivwechsel wurde zu einer so kraftvollen Dankbarkeitsübung, dass ich ihn heute auch anderen zur täglichen Anwendung empfehle. Wie oft hast du schon gesagt: »Ich muss heute trainieren«, »Ich muss zur Arbeit«, »Ich muss meine Eltern besuchen«, »Ich muss lernen« oder »Ich muss wieder für die Kinder kochen«? Diese Formulierung impliziert, dass du keine andere Wahl hast und zu etwas gezwungen wirst. Sie nimmt dir die Möglichkeit, dankbar zu sein, und suggeriert, dass du keine Wahlmöglichkeit hast. Versetz dich in einen Zustand der Wertschätzung, indem du stattdessen sagst: »Ich darf heute trainieren«, »Ich darf heute zur Arbeit«, »Ich darf meine Eltern besuchen«, »Ich darf lernen« und »Ich darf wieder für die Kinder kochen«. Mit der Formulierung »Ich darf« erinnern wir uns daran, dass es andere nicht dürfen: Wir erinnern uns bewusst und unbewusst daran, wie viel Glück wir haben, dass wir unseren Körper bewegen, unsere Liebsten sehen und unser Leben so führen können, wie wir es tun.

Sei achtsam

Wie oft am Tag sagst du: »Ich kann es kaum erwarten, dass …« oder »Ich freue mich schon, wenn …«? Die meisten tun das automatisch, mir geht's genauso. Ich erwische mich regelmäßig dabei, wie ich beim Mittagessen grüble, was ich zum Abendessen kochen soll, oder wie ich stundenlang darüber nachdenke, wie sehr ich mich auf eine Manifestation freue: »Das wird ein unglaubliches Gefühl sein, wenn …« Wir sagen diese Dinge mit guten Absichten, denn es fühlt sich gut an, sich auf etwas zu freuen, und es macht Spaß, von den Dingen zu träumen, die wir manifestieren wollen. Deshalb empfehle ich anderen oft, sich etwas vorzustellen, auf das sie sich freuen können, denn es ist der erste Schritt zur Manifestation, wenn man weiß, was man will und wo man irgendwann mal stehen möchte. **Problematisch wird es nur, wenn wir uns zu sehr auf die Zukunft konzentrieren, statt achtsam und präsent zu sein.** Wenn wir uns zu sehr mit der Zukunft beschäftigen (unabhängig davon, ob wir uns eine positive oder negative Zukunft ausmalen), können wir nicht in der Gegenwart leben, und wenn wir nicht in der Gegenwart sind, können wir auch keine Dankbarkeit empfinden. Das ist einer der Gründe, warum ich den Leuten rate, ihre Vision Boards wegzulegen, nachdem sie sie erstellt haben.

Um Dankbarkeit zu kultivieren, müssen wir uns darin üben, achtsamer zu sein. Was auch immer du tust, bemüh dich bewusst darum, zu 100 Prozent bei der Sache zu sein. Wenn du zum Beispiel im Büro bist, sei zu 100 Prozent anwesend; wenn du mit deiner Familie zusammen bist, sei zu

100 Prozent bei ihr; wenn du im Fitnessstudio bist, sei zu 100 Prozent dabei. Das bereichert nicht nur all deine Erfahrungen und reduziert den Stress, der mit einem »Split-Focus« einhergeht, sondern hilft dir auch, deine Gedanken auf ein achtsameres Leben auszurichten. Richte dich immer auf den Moment aus, wenn du merkst, dass du den Fokus verlierst und dein Geist dich von dem ablenkt, was du gerade erlebst. Richte deine Aufmerksamkeit darauf, wie du dich gerade fühlst und was du siehst und hörst, und konzentriere dich auf die Menschen, mit denen du zusammen bist.

Auch mithilfe einer täglich durchgeführten Meditation gelingt dir ein achtsameres Leben. So wie du deine Bauchmuskeln trainierst, kannst du auch deinen Geist darauf trainieren, achtsamer zu sein. Fürs Erste empfehle ich dir, mit geführten Meditationen zu üben und deine Meditationspraxis ständig zu erweitern, wenn du dich bereit dazu fühlst. Durch die Meditation erfährst du einen unglaublichen körperlichen, geistigen und spirituellen Gewinn. Aber hüte dich davor, deine Praxis zu beurteilen oder zu erwarten, sofort in die Stille zu finden. Ich bezeichne die Vorstellung, dass wir beim Meditieren frei von allen Gedanken sein sollten, als »Meditationsmythos«. Es geht nicht darum, unseren Geist völlig zu leeren, sondern wir sollen lernen, unsere Gedanken zu beobachten, ohne an ihnen festzuhalten. Meditation ist die Praxis des achtsamen Gewahrseins, wobei wir mittels der Stille und des Atems unseren Geist beruhigen.

Ich empfehle dir unbedingt, irgendeine Art von Meditation in deine tägliche Routine einzubauen und sie zu einer deiner Selbstliebe-Praktiken zu machen, die deine Schwingung erhöhen. Für mich ist die tägliche Meditation unverzichtbar. Sie hilft mir, meinen Geist zu beruhigen, öffnet den Raum für Kreativität und neue Ideen und ermöglicht es mir, mehr Dankbarkeit zu empfinden, indem ich noch achtsamer lebe. Meditation ist ein wesentlicher Bestandteil meines eigenen Manifestationsprozesses, und ich nehme mir immer Zeit dafür: An manchen Tagen atme ich einfach fünf Minuten lang achtsam, an anderen vertiefe ich mich vor dem Schlafengehen in eine dreißigminütige meditative Manifestationsvisualisierung.

Eine Auswahl an geführten Meditationen, darunter auch eine Manifestationsmeditation, findest du auf meiner Website: www.roxienafousi.com.

Achte auf die kleinen Dinge

Je achtsamer wir sind, desto mehr bemerken wir all die kleinen Dinge in unserem Leben, die dieses hoch schwingende Gefühl der Wertschätzung hervorrufen.

Dinge, die wir früher vielleicht nicht bemerkt haben, verleihen uns jetzt dieses zufriedene, freudige Gefühl. Man nennt diese kleinen Dinge auch »die kleinen Freuden des Lebens«. Schenk ihnen wirklich deine Aufmerksamkeit, nimm sie wahr, fühl sie und erleb sie ganz. Dadurch kehrst du immer wieder zur Dankbarkeit zurück und stärkst ständig deine Manifestationskraft.

DIE KLEINEN FREUDEN DES LEBENS

Hier ein paar Beispiele: der Duft von frisch gebrühtem Kaffee, ein frisch bezogenes Bett, das morgendliche Vogelgezwitscher, das Gefühl von warmem Wind auf deinem Gesicht, das Löschen deines Durstes mit eiskaltem Wasser, das Rauschen des Meeres, das Morgenlicht, der aufgeräumte Raum, das Anzünden einer Kerze, Blumen, der Geruch von frisch gemähtem Gras, ein Lächeln von einem Passanten …
Schreib deine kleinen Lieblingsfreuden auf:

1. ……………………………………………………
……………………………………………………
2. ……………………………………………………
……………………………………………………
3. ……………………………………………………
……………………………………………………
4. ……………………………………………………
……………………………………………………
5. ……………………………………………………
……………………………………………………
6. ……………………………………………………
……………………………………………………
7. ……………………………………………………
……………………………………………………
8. ……………………………………………………
……………………………………………………

Auf dem Weg zur Verwirklichung deiner Träume solltest du nicht vergessen, die Reise zu genießen. Achte auf die kleinen, einfachen Freuden des Lebens, und sei jeden Tag präsent. Vergiss nicht: Ein dankbares Herz ist ein Magnet für Wunder.

SCHRITT 6

VERWANDLE NEID IN INSPIRATION

»Neid: ein Gefühl der Unzufriedenheit oder der Begehrlichkeit, das durch den Besitz, die Fähigkeiten oder das Glück anderer ausgelöst wird.«

nach: OXFORD ENGLISH DICTIONARY

Neid ist eine niedrig schwingende Emotion, die aus einer Haltung des Mangels entsteht. Dein Neid signalisiert dem Universum: »Wenn ich sehe, dass jemand etwas hat, das ich auch haben möchte, bin ich verbittert, weil ich nicht glaube, dass ich es ebenfalls haben kann.«

> *»Inspiration: ein plötzliches Gefühl der Begeisterung oder eine neue Idee, die dazu beiträgt, etwas zu tun oder zu erschaffen.«*
>
> nach: MACMILLAN DICTIONARY

Inspiration ist ein hochschwingendes Gefühl, das aus einer Haltung der Fülle heraus entsteht. Wenn du etwas siehst, das du dir wünschst, und dich davon inspiriert fühlst, lautet deine Nachricht ans Universum: »Ich glaube, dass genug für alle da ist, und ich bin überzeugt davon, dass ich es auch haben kann.«

Neid ist eine der Emotionen, die wir körperlich wahrnehmen können, wenn sie in uns aufwallen. Ich spüre Neid oft in der Magengegend: Er kommt in einer Welle der Panik, gefolgt von einem subtilen Anflug von Frustration, Wut und Traurigkeit gleichzeitig. Manchmal überfällt uns der Neid frontal, etwa wenn eine Kollegin eine Stelle bekommt, auf die wir uns beworben hatten, oder wenn wir, einen Tag nachdem wir nach sieben scheinbar glücklichen Jahren von dem Verlobten verlassen wurden und ein verliebtes Paar sehen, das sich an der Ampel küsst. Meist ist der Neid jedoch viel heimtückischer: Er schleicht sich auf leisen Pfoten an, nistet sich in uns ein und hinterlässt ein Gefühl der Unzufriedenheit mit unserem Leben, ohne dass wir eine Ahnung haben, warum das so ist. Während wir gedankenlos durch unsere Social-Media-Feeds scrollen, wird unser Unterbewusstsein bombardiert mit Bildern der Perfektion, mit Vergleichsmöglichkeiten, mit Dingen, die wir gern hätten und die uns das Gefühl vermitteln, unser Leben sei nicht so gut wie das der anderen.

Die sozialen Medien bilden eine milliardenschwere Branche, die im wahrsten Sinne des Wortes von Neid getrieben wird: Sie animieren uns aktiv dazu, uns mit anderen zu vergleichen, damit wir das Gleiche kaufen wie sie, während sie uns gleichzeitig dazu anregen, für möglichst viele »Likes« oder Kommentare und die damit verbundene Bestätigung unsere eigenen Neid auslösenden Bilder zu posten.

> WIE OFT FÜHLST DU DICH NACH DER NUTZUNG SOZIALER MEDIEN SCHLECHTER ALS VORHER?

Eine Teilnehmerin an einem meiner Gruppencoachings erzählte mir, dass sie sich in den letzten Monaten vor den Freitag- und Samstagabenden gefürchtet habe. Als Grund gab sie an, dass sie jedes Wochenende in den sozialen Medien Leute sehe, die in Bars, Restaurants oder auf Partys feiern, und dass sie deshalb immer neidisch sei. Die anderen Frauen in der Gruppe nickten übereinstimmend, denn sie kannten dieses Gefühl auch. Ich stellte der Frau die simple Frage: »Willst du denn jedes Wochenende ausgehen?« Als sie bejahte, fragte ich sanft: »Und warum bleibst du dann lieber zu Hause? Wenn du wirklich ausgehen wolltest, könntest du doch sicher auch eine Möglichkeit finden, oder?«

Während sie darüber nachdachte, konnte ich auf ihrem Gesicht ablesen, dass sie verstand, was ich meinte. Wenn sie wirklich ausgehen wollte, würde eine ihrer Freundinnen sie sicher gern begleiten. Dann sagte sie: »Ich gehe zwar gern zu besonderen Anlässen aus, aber eigentlich esse ich abends lieber etwas Leckeres, schaue einen Film an, trage eine Gesichtsmaske auf und schalte nach der anstrengenden Arbeitswoche einfach mal ab.« Außerdem wachte sie am Sonntag lieber erholt auf, weil sie an diesem Tag zu ihrem wöchentlichen Lauftreff ging. In diesem Moment begriff sie, dass die sozialen Medien in ihr Neid auf etwas weckten, was sie gar nicht haben wollte.

Soziale Medien sind eine reichhaltige Vergleichsbörse und ein fruchtbarer Boden für Neid. Uns wird in unendlich vielen Bildern vorgegaukelt, wie wir denken, sein oder unser Leben gestalten sollten. Ob es nun der »perfekte« Körper, das Traumhaus, ein erfolgreiches Unternehmen, ein paradiesischer Urlaub oder ein Familienidyll ist – das »Traum«-Leben wird uns immer auf Kosten unserer eigenen Wertschätzung verkauft.

Diese endlose Darstellung eines »perfekten Lebens« kann permanent Neid auslösen, wenn wir es zulassen. Die Ironie an der Sache ist, dass wir auf Dinge neidisch sind, die nicht einmal real sind. So viele Inhalte, die wir online sehen, sind inszeniert, vorgeplant, bearbeitet, geglättet und feingetunt, nur damit sie ansprechend und beneidenswert wirken. Ich habe gesehen, dass Freunde die perfekten Paar-Selfies hochgeladen haben, kurz nachdem sie mir am Telefon erzählt hatten, sie wollten ihren Partner, ihre Partnerin verlassen, weil ihre toxische Beziehung unerträglich geworden sei. Ich habe Leute angerufen, um ihnen zu sagen, dass ihr Urlaub ja unglaublich toll gewesen sein muss, nur um mir dann anzuhören, dass es in Wirklichkeit die Hölle gewesen sei. Man führt uns eine Scheinrealität vor, eine Fata Morgana, und wir streben weiter danach, scheinbar ohne zu wissen, dass wir im Grunde den Goldtopf am Ende des Regenbogens suchen.

Mein eigenes Verhältnis zu den sozialen Medien war jahrelang komplett toxisch. Während ich im stillen Kämmerlein mit Depressionen kämpfte, sah ich mir im Internet Fotos von sorglosen, lächelnden, lachenden und tanzenden Leuten an, und der Neid, der mich dabei überkam, tat einfach nur weh. Ich wünschte mir verzweifelt, auch diese Leichtigkeit zu besitzen und Spaß zu haben, und nahm fast allen übel, dass sie ihr Leben ohne diese schwere Traurigkeit und den lähmenden Selbsthass führen konnten. In die Zeit meiner Depression fiel meine ausschweifende Partyphase, denn damals wollte ich unbedingt zur »coolen« Londoner Partyszene gehören. Ich glaubte ernsthaft, dass mir die Einladung zur Love Magazine Fashion Week Party Anerkennung verschaffen würde. Oder ich würde mich endlich wertvoll fühlen, wenn ich eine Karte für die British Fashion Awards ergattern könnte. Dann kamen irgendwann die Fashion Week oder die Fashion Awards, und keine Einladungen flatterten ins Haus. Ich saß zu Hause, öffnete Instagram, sah die tollen Fotos und die noch tolleren Outfits der anderen, und schon war das altbekannte Neidgefühl wieder da. Der Neid redete mir ein: »Du bist halt nicht so gut wie sie.« Auf diese Weise hatte dieses Gefühl mich, meinen Selbstwert und meine Schwingung schon immer runtergezogen. Als ich auf mein Handy starrte, fühlte ich mich genauso wie die meiste Zeit meines Lebens: Ich stand am Rand und schaute anderen zu. So wie ich meinem Körper mit Drogen, Alkohol und Zigaretten schadete, schadete ich auch meinem Geist, indem ich mich absichtlich Dingen aussetzte, von denen ich wusste, dass sie meine Überzeugung, nicht gut genug zu sein, bestärkten.

Wir alle wissen, dass wir uns selbst sabotieren, indem wir übermäßig viel Alkohol konsumieren, über unsere Verhältnisse einkaufen, in toxischen Beziehungen bleiben und wichtige Aufgaben aufschieben. Ich habe eine Freundin, die es einfach nicht lassen kann, sich das Profil der neuen Partnerin ihres Ex-Freundes anzusehen. Sie stalkt ihre Seite jeden Tag; das gehört inzwischen zu ihrer Abendroutine. Sie schaut sich ihre Fotos an, spekuliert darüber, wie ihr Leben wohl ist, und beginnt dann mit dem Vergleichsspiel, bei dem sich unweigerlich Neidgefühle einstellen. Sie weiß, wie sehr das ihrem Selbstwertgefühl schadet, aber sie kann sich nicht dagegen wehren.

Mein Rat? Beobachte und kontrolliere deine Nutzung der sozialen Medien. Ich sollte hier einen Haftungsausschluss hinzufügen: Ich liebe die sozialen Medien wirklich. Alle Kanäle haben unglaublich viel zu bieten, und wenn sie richtig genutzt werden, können sie uns auf wunderbare Weise inspirieren, motivieren, verbinden und unterhalten. Aber um in den Genuss all dieser Vorteile zu kommen, ohne ständig negativ getriggert zu werden, rate ich dir:

1. Bearbeite deinen Feed: Blockiere Beiträge von Personen, die dir nicht guttun oder die dich triggern. Du kannst das jederzeit wieder rückgängig machen, wenn du das Gefühl hast, ihnen folgen zu können und ihre Posts aus einer gesünderen Perspektive heraus zu betrachten (das ist dann der Fall, wenn du mehr Selbstvertrauen hast). Anschließend abonnierst du Personen, die du ansprechend, inspirierend oder sympathisch findest und von denen du mehr lesen möchtest.
2. Scrolle achtsam: Achte darauf, dass du in Apps nicht ziellos herumscrollst und dabei unbewusst unerwünschte Trigger oder Informationen aufnimmst. Mit erhöhter Achtsamkeit nimmst du wahr, wie es dir bei bestimmten Themen geht. Wenn du dich getriggert fühlst, registriere es und arbeite an diesem Gefühl.

Wir sind nicht nur neidisch, wenn wir in den sozialen Medien unterwegs sind. Tatsächlich empfinden wir oft sogar oft noch mehr Neid gegenüber uns nahestehenden Menschen.

Kennst du das? Eine Freundin erzählt dir, dass ihr Partner einen Überraschungsurlaub gebucht hat oder dass sie sich so gut fühlt wie noch nie, und obwohl du dich mitfreuen willst, kannst du nicht anders, als neidisch zu sein.

Oder du streitest dich ständig mit deinen Geschwistern, konkurrierst mit ihnen und weißt tief in dir drin, dass du nur neidisch auf sie bist, weil du meinst, dass sie mehr Aufmerksamkeit von euren Eltern bekommen oder früher bekommen haben.

Das Gefühl der Eifersucht gegenüber den Menschen, die wir lieben, kann ziemlich irritierend sein. Wir fragen uns: »Wenn ich diese Person wirklich liebe und ein guter Freund für sie bin, wie kann ich dann eifersüchtig auf sie sein?« Scham, Schuldgefühle und Selbstverurteilung sind die Folge. Die Selbstverurteilung kann so belastend sein, dass wir versuchen, unseren Neid ganz zu verleugnen. Vielleicht ist es dir schon mal so ergangen, und du hast deinen Neid umgedreht in Sätze wie »Ich kann sie sowieso nicht leiden«, »Ich habe sie noch nie gemocht« oder »Ich will das alles gar nicht, was sie hat«. **Aber auch aus verleugnetem Neid kann nichts Gutes entstehen.** Unterdrückter Neid führt nur dazu, dass die niedrig schwingenden Emotionen in uns weitergären und unsere Unsicherheit und unseren Selbstwertmangel nähren. Das führt uns im Endeffekt noch weiter weg von unserer Manifestation.

Uns ist bewusst, dass Neid, vor allem, wenn er tief in uns vergraben ist, Menschen dazu bringen kann, unfreundlich, unfair und manchmal sogar richtig grausam zu handeln.

Wahrscheinlich hast du schon öfter gehört, dass jemand nur deshalb so gemein oder unhöflich zu dir ist, weil er insgeheim neidisch ist. Durch das Verleugnen unseres Neides verstärkt sich sein heimtückisches Wesen nur noch. Wir geben unseren Neid in Form von Urteilen über andere weiter. Das ist ein schrecklicher Teufelskreis! Die Akzeptanz unserer wahren Gefühle ist das Mitfühlendste, was wir für uns selbst und für unser Umfeld tun können. Verdräng oder unterdrück diese Gefühle nicht, sondern erlaub ihnen, dich etwas zu lehren: Betritt zum Beispiel eine Person mit ausgeprägtem Selbstbewusstsein einen Raum, dann frag dich, ob du dieses Auftreten bewunderst und auch gern so wärst, und verfall nicht in Urteile und Sätze wie: »Ist die aber arrogant!« Oder du beobachtest, wie sich am Nebentisch ein Pärchen küsst. Bevor du über ihre Zärtlichkeiten in der Öffentlichkeit ein vernichtendes Urteil fällst, überleg dir, ob du nur so urteilst, weil du dir vielleicht selbst eine so liebevolle und leidenschaftliche Beziehung wünschst.

Mit ehrlicher Selbstreflexion kannst du deinen Neid erkennen, ihn dir eingestehen und zulassen, dass er dich darauf aufmerksam macht, was du dir wünschst und wovon du mehr in deinem Leben brauchst. Wenn wir unsere Gefühle erkennen und annehmen, statt sie zu verleugnen und zu kritisieren, eröffnen wir den Raum, um auf unsere Gefühle hören zu können. Doch vorher möchte ich dir noch erklären, warum wir unseren Neid derart heftig ablehnen.

Die Geschichte von Schneewittchen kennst du ganz bestimmt. In diesem Märchen fragt die böse Königin den

Zauberspiegel: »Wer ist die Schönste im ganzen Land?« Als sie im Spiegel aber nicht sich selbst, sondern Schneewittchen sieht, überkommt sie der Neid. Er treibt sie so weit, dass sie ihrem treuen Jäger befiehlt, das freundliche und schöne Schneewittchen zu töten. Hier wird uns der Neid so dargestellt wie überall: als etwas abgrundtief Böses. In fast allen Kinderfilmen und Märchen gibt es einen eifersüchtigen Bösewicht (man denke an Scar in *Der König der Löwen,* die gemeinen Stiefschwestern in *Aschenputtel* oder Jaffar in *Aladdin*). Als Kinder lesen wir diese Geschichten und sehen uns die Filme an. Wenn wir dann erwachsen sind und selbst Neidgefühle entwickeln, geraten wir in Panik. Wir schämen uns für unseren Neid, weil wir ihn mit dem Bösen in Verbindung bringen.

Aber Neid an sich ist nicht böse. Er ist einfach ein Gefühl, das wir empfinden, wenn wir mit etwas konfrontiert werden, das uns an unserem eigenen Selbstwert zweifeln lässt. Neid zeigt sich nicht als das grünäugige Monster, für das wir ihn oft halten. Nein, meistens ist Neid einfach ein Ausdruck unserer Angst – der Angst, etwas zu verlieren, das wir lieben und in das wir emotional und energetisch eingebunden sind. Wir befürchten, dass wir irgendwie benachteiligt sind, wenn ein anderer etwas hat, was wir nicht haben (Hallo, Mangeldenken). Wer schon einmal ein eigenes Unternehmen gegründet hat, wird wissen, was ich meine: Wenn wir etwas Neues beginnen, das immense Energie und Investitionen erfordert, können wir überempfindlich auf den Erfolg anderer reagieren, die etwas Ähnliches tun wie wir.

Eine meiner Freundinnen hatte gerade ihre Ausbildung zur Personal Trainerin abgeschlossen. Während der gesamten Ausbildung war sie so begeistert von der ganzen Sache, so optimistisch und energiegeladen, dass sie sich nach immer neuen Trainer*innen umsah, um sich von ihnen inspirieren und motivieren zu lassen. Aber als sie ihr Zertifikat in Händen hielt, packte sie der Neid. Sie schrieb mir eine SMS: »Hast du gesehen, dass Soundso jetzt auch Personal Trainer ist? Ich kann es kaum glauben!« Wie besessen sah sie sich alle anderen Trainer*innen in ihrer Gegend an und verglich sich mit ihnen. Das schien Ausdruck ihres Neides zu sein, aber dahinter steckte Angst. Sie hatte Angst, nach all der Zeit und dem Geld, die sie in ihre Ausbildung investiert hatte, nicht so viele Kund*innen gewinnen zu können, wie sie es sich wünschte. Die Angst befeuerte ihren Neid und hinderte sie daran, in ihre volle Kraft zu kommen. Zuerst musste sie erkennen, dass ihr Neid ein Symptom ihrer Angst war, und dann ihre eigenen Unsicherheiten heilen.

Wenn Neid durch Angst verursacht wird, dann bedeutet das, dass wir ihn dazu nutzen können, um uns auf die einschränkenden Glaubenssätze, Unsicherheiten oder Zweifel zu konzentrieren, die uns noch immer am Manifestieren hindern.

Der effektivste Weg, den Neid loszulassen, besteht also darin, kontinuierlich daran zu arbeiten, die Ängste und Zweifel zu überwinden, die ihn antreiben. Aber wie ich in Schritt »Lass Ängste und Zweifel hinter dir« erwähnt habe, ist das ein fortlaufender Prozess. Was können wir in der Zwischenzeit tun, damit die niedrig schwingende Emotion nicht anhält und uns daran hindert, auf unserer Manifestationsreise voranzukommen?

Wir können unseren Neid in Inspiration verwandeln. Inspiration ist das genaue Gegenteil von Neid. Während Neid ein Ausdruck niedrig schwingenden Mangeldenkens ist, hat Inspiration eine hohe Schwingung und entspricht dem Zustand der Fülle. Die Panik, die unseren Neid begleitet, besteht eigentlich nur in der Befürchtung, dass der Erfolg einer anderen Person uns unserer eigenen Chancen beraubt. Neid drückt aus: »Es gibt nicht genug«, während Inspiration davon ausgeht, dass es unendlich viel für alle gibt.

Wann immer wir Neid empfinden, haben wir die Möglichkeit, unser Denken zu ändern und eine Perspektive der Inspiration zu wählen, die uns unseren Träumen näher bringt.

> VON NEID GEPRÄGTER GEDANKE: »SIE HABEN ETWAS, DAS ICH NICHT HABEN KANN.«
> INSPIRIERTER GEDANKE: »SIE HABEN ETWAS, WAS ICH AUCH HABEN WILL.«

Oft kommen Menschen zu mir, die eine Beziehung manifestieren wollen. Fast immer erzählen mir dieselben Leute, dass es ihnen schwerfällt, sich für ihre Freunde zu freuen, die eine Beziehung haben, heiraten oder eine Familie gründen. Sie sehen darin nur eine weitere Bestätigung dafür, wie weit sie auf ihrem eigenen Weg zurückliegen, und formulieren sogar

Sätze wie: »Das ist wirklich unfair.« Ich erinnere sie daran, dass dieses Neidgefühl auf dem Gedanken beruht, dass es nicht genug Liebe für alle gibt, und dass er sie aktiv daran hindert, ihre(n) Seelenpartner*in anzuziehen. Ich ermutige sie, stattdessen die Beziehungen ihrer Freunde zu betrachten und ihren Neid in Inspiration umzuwandeln, indem sie etwas sagen wie: »Ich finde es schön, zwei so glückliche Menschen zusammen zu sehen. Es ist so wundervoll, und ich freue mich so darauf, das selbst zu erleben, wenn die Zeit reif ist.« Das ist eine einfache, aber sehr wirkungsvolle Umstellung des Mindsets.

Ein weiteres Beispiel, wie du deinen Neid in Inspiration verwandeln kannst: Stell dir vor, du triffst eine alte Freundin und ihr beschließt, einen Kaffee miteinander zu trinken und zu plaudern. Sie erzählt dir, dass sie nach der Schule ihr eigenes, sehr erfolgreiches Tech-Unternehmen gegründet und es dann verkauft hat, was es ihr ermöglicht hat, die letzten zwölf Monate um die Welt zu reisen – daher auch ihr strahlender, von der Sonne geküsster Teint. Achte darauf, wie du dich bei dieser Information körperlich, emotional und geistig fühlst. Spürst du die Welle der Panik, die in Gefühlen von subtiler Traurigkeit, Unzufriedenheit und Frustration gipfelt? Wenn das der Fall ist, bestätigst du zunächst deine Erfahrung, indem du dir sagst: »Wenn ich das höre, empfinde ich Eifersucht und Neid.« Dann nimm das Urteil zurück, und ersetze es durch Selbstliebe, Mitgefühl und Freundlichkeit, und erinnere dich daran, dass es in Ordnung ist, sich so zu fühlen. Danach triffst du die ermächtigende Entscheidung,

deinen Neid in Inspiration zu verwandeln. Du könntest einen inspirierenden Gedanken wählen, wie zum Beispiel: »Ich freue mich darüber, dass sie sich eine Karriere aufgebaut hat, die ihr die Freiheit gibt, ihren Neigungen nachzugehen. Vielleicht überlege ich mir, wie ich das für mich selbst umsetzen könnte.« Lass dich dann von ihrem Erfolg zu deiner eigenen Vision inspirieren, wie du sie manifestieren möchtest.

Denk daran: Wir leben in einer Gesellschaft, in der die Medien ständig Menschen niedermachen – mittels provokanter Schlagzeilen, die zum Cybermobbing und zu Urteilen einladen. Das fördert ein von Neid getriebenes Verhalten. Es ist normal, dass wir andere für ihre Handlungen beurteilen und kritisieren. Das gibt uns die Möglichkeit, unseren Neid auf eine Art und Weise auszudrücken, die sich akzeptabel anfühlen mag, doch ich sehe darin einen gefährlichen Kreislauf für uns alle. Wir sollten stattdessen den Neid beurteilen, wenn er in Erscheinung tritt. Ich habe die Erfahrung gemacht, dass Gruppentreffen oder WhatsApp-Chats leicht in Tratsch und Klatsch ausarten, der von Neid angeheizt wird. In der Regel dauert es nicht lange, bis sich einzelne Gruppen gegen eine Person verbünden und negativ über sie und ihre Entscheidungen sprechen. Ein derartiges Verhalten ist nicht nur unfreundlich und reine Zeitverschwendung, es sabotiert auch unsere Manifestationskraft. Dahinter steckt fast immer Neid, auch wenn wir es nicht zugeben wollen. Wenn du das bemerkst, solltest du es ansprechen oder dich zumindest von solchen toxischen Diskussionen fernhalten. **Andere Menschen niederzumachen hat eine niedrige Schwingung. Dagegen ist es hoch schwingend, Menschen aufzubauen.** Alles, was du tust, um andere zu unterstützen, aufzubauen, sie zu feiern, ihnen zu helfen, sie zu ermutigen, entspringt der Selbstliebe und einem hohen Selbstwertgefühl. Das zeigt dem Universum, dass du dich durch den Erfolg anderer nicht bedroht, sondern inspiriert fühlst. Diese Inspiration spornt dich an, dein Ziel zu manifestieren. Sende weiterhin diese liebevolle, magnetische und magische Energie ins Universum, und du wirst Fülle erhalten. Ich bin immer für den Aufbau einer Gemeinschaft, die von Liebe, Verbundenheit und absoluter Unvoreingenommenheit geprägt ist, und setze mich dafür ein. Denn letztlich hilft das uns allen auf unserer Manifestationsreise.

Die Transformation von Neid in Inspiration führt dich nicht nur aus einer niedrigen in eine hohe Schwingung, sondern verhilft dir auch zu mehr Klarheit darüber, was du deinem Vision Board hinzufügen möchtest und wie du deine Visualisierung manifestieren kannst. Nehmen wir zum Beispiel an, du möchtest eine Winterhochzeit manifestieren. Du spürst vielleicht schon, dass du dir das wünschst, aber erst wenn du eine Winterhochzeit besuchst und miterlebst, kannst du sie dir wirklich klar vorstellen. Wenn du dann das nächste Mal eine Visualisierungsmeditation durchführst oder dein Vision Board erstellst, hast du ein viel plastischeres und lebendigeres Bild vor Augen.

Auch beim Scrollen durch Social Media kannst du Neid in Inspiration verwandeln. Wenn du zum Beispiel durch deinen Instagram-Feed scrollst und jemanden in einem neu eröffneten Restaurant siehst, der mit einer Gruppe von Freunden ein köstliches Essen genießt, und du ein »Neidsignal« wahrnimmst, dann halte eine Sekunde inne, nimm es zur Kenntnis und verwandle den Neid in Inspiration, indem du sagst: »Da will ich auch mal hin, ich werde es auf meine Merkliste setzen. Ich kann kaum erwarten, das Lokal auszuprobieren.« Nutz die Urlaubsbilder, Pärchen-Selfies oder Interieur-Bilder, die in deinem Feed auftauchen, um zu visualisieren, was du dir wünschst. Lass dich von den Dingen, die du siehst, inspirieren, und sage dir aktiv: »Das will ich haben. Ich weiß, dass ich es verdiene. Das werde ich manifestieren.«

Indem wir uns von den Errungenschaften und Erfahrungen anderer Menschen inspirieren lassen, demonstrieren wir dem Universum unsere feste Überzeugung, dass es auf der Welt mehr als genug Liebe, Glück und Erfolg für alle gibt. Und genau das werden wir dann auch anziehen: mehr Liebe, mehr Glück und mehr Erfolg. Ich nutze diese Methode selbst ständig: Es gibt Tausende und Abertausende von Coaches, Mentoren, Lehrerinnen und Autorinnen, das Feld der Persönlichkeitsentwicklung ist eine schnell wachsende Branche. Wenn ich mich mit allen anderen vergleichen würde, die etwas Ähnliches anbieten wie ich, oder wenn ich mir erlauben würde, neidisch auf den Erfolg anderer zu sein, würde ich in einer Mangelhaltung festhängen. Jeder Post zum Thema Selbstentwicklung, jeder Artikel, jeder Workshop und jedes Buch von anderen würde mich triggern. Stell dir mal meine niedrige Schwingung vor, wenn ich mir das erlauben würde, und wie erstickend dieser Neid wäre. Stattdessen feiere ich den Erfolg meiner Kolleginnen und Kollegen in dieser Branche aktiv und betrachte sie mit aufrichtiger Ehrfurcht und Inspiration für all die wunderbaren Dinge, die sie leisten. Das tue ich, weil ich in meinem Herzen weiß, dass es neben den Tausenden brillanter Menschen, die da draußen coachen, lehren und schreiben, noch eine Million mehr Leute gibt, die lernen wollen und auf ihrer Entwicklungsreise Unterstützung benötigen. Ich sehe und glaube an die Fülle der Möglichkeiten, anderen zu helfen, sie zu inspirieren und zu motivieren, und so kommt die Fülle auch zu mir zurück. Ich will nicht die Einzige oder die Beste sein, ich will nur meine eigenen Spuren in der Welt hinterlassen, wie groß oder klein sie auch sein mögen.

Entscheide dich dafür, deinen Neid konsequent in Inspiration zu verwandeln.

Übung

Schreib alles auf, was dich in letzter Zeit neidisch gemacht hat. Danach schreibst du zu jedem Thema eine alternative, inspirierende Perspektive auf, an die du dich stattdessen hältst.

Neidischer Gedanke:

....

....

Inspirierter Gedanke:

....

....

SUCH NACH INSPIRATIONSQUELLEN

Wenn du auf deiner Manifestationsreise noch weiter vorankommen willst, dann solltest du nicht nur deinen Neid in Inspiration verwandeln, **sondern aktiv nach Inspiration suchen. Schau dich nach Menschen um, die dich inspirieren und dir beweisen, dass es mehr als möglich ist, alles zu manifestieren, was du dir wünschst.**

Denk daran, dass Inspiration eine hohe Schwingung hat. Wenn du zum Beispiel eine erfolgreiche Marke für nachhaltige Kleidung gründen willst, solltest du dir andere bekannte und erfolgreiche Marken ansehen, die belegen, dass das funktioniert. Die Suche nach Menschen, die dich inspirieren, liefert deinem Bewusstsein und deinem Unterbewusstsein den Beweis, dass das, was du erreichen willst, möglich ist. Das hilft dir, all deine Zweifel zu beseitigen und deine Visualisierung zu erweitern.

In Schritt 5 »Sei dankbar (ohne Vorbehalte)« habe ich erklärt, wie wichtig Dankbarkeit für unsere Manifestationsreise ist.

Neid und Dankbarkeit sind aber unvereinbar. Bist du neidisch auf jemanden und auf das, was er oder sie hat, kannst du nicht gleichzeitig echte Dankbarkeit für das empfinden, was du hast. Du kannst zum Beispiel nicht *von ganzem Herzen* dankbar dafür sein, dass du deine(n) Seelenpartner*in gefunden hast und in einer festen Beziehung lebst, wenn du neidisch auf die Eskapaden und Abenteuer deiner besten Freundin bist, die Single ist. Das ist ein weiterer Grund, warum Dankbarkeit so kraftvoll ist.

Wenn wir uns in Dankbarkeit üben und *wirklich* den Raum der vollständigen Wertschätzung für alles, was wir bereits haben, einnehmen, können wir die Menschen um uns herum feiern, ohne dass der Neid die Oberhand gewinnt. Ich kann ehrlich sagen, dass ich die Menschen um mich herum noch nie so gut unterstützt habe, seit ich selbst Dankbarkeit praktiziere und sie ohne Vorbehalte annehme.

Mit den folgenden vier Schritten kannst du Neid in Inspiration verwandeln.

1. **Mach dir deinen Neid bewusst.** Um unseren Neid zu akzeptieren, müssen wir auf unsere Gedanken achten, um ihn zu erkennen, wenn er entsteht.
2. **Leg Scham und Verurteilung ab, die den Neid begleiten.** Praktiziere stattdessen Selbstliebe, indem du dir selbst Mitgefühl, Freundlichkeit und Urteilslosigkeit entgegenbringst.
3. **Lern daraus.** Wenn du merkst, dass du eine andere Person verurteilst, frag dich: »Was ist der Grund für dieses

Urteil? Welche Ängste oder Zweifel stecken dahinter? Was hat er oder sie, das ich mir wünsche?«

4. **Verwandle Neid in Inspiration.** Immer, wenn du auf etwas oder jemanden neidisch bist, hast du die Möglichkeit, deine Perspektive zu ändern und dich inspiriert zu fühlen.

Ein letzter Gedanke zum Thema Neid: Erinnerst du dich daran, dass Selbstliebe die Grundlage für jeden Schritt der Manifestation ist? Das gilt ganz besonders für diesen Punkt. Je mehr Mitgefühl, Urteilslosigkeit, Liebe und Freundlichkeit wir uns selbst entgegenbringen, desto leichter fällt es uns, unseren Neid in Inspiration zu verwandeln. Und je mehr wir uns selbst und die Person, zu der wir werden, wirklich lieben, desto unwahrscheinlicher ist es, dass wir uns vom Außen beeinflussen lassen. Wenn du dich selbst bedingungslos liebst und stolz auf die Person bist, die du heute bist und die du werden wirst, ist kein Platz für Neid.

SCHRITT 7

VERTRAU DEM UNIVERSUM

»Um vom Leben zu bekommen, was du willst, musst du wissen, was du willst, und daran glauben, dass du es haben kannst.«

NORMAN VINCENT PEALE[4]

Wenn du weißt, welches Leben du manifestieren willst, wenn du Selbstliebe kultiviert, Ängste und Zweifel beseitigt, Prüfungen vom Universum gemeistert, dein Verhalten ausgerichtet, Dankbarkeit (ohne Vorbehalte) angenommen und deinen Neid in Inspiration verwandelt hast, musst du nur noch Vertrauen haben: Vertrauen, dass das Universum dir alles geben wird, was du brauchst, und Vertrauen in die großartige Magie der Manifestation.

Dieses Vertrauen kann man als »wissendes Fühlen« bezeichnen. Damit meine ich die Gewissheit, dass etwas geschehen wird, auch wenn du keine Ahnung hast, wie. Es ist die unerschütterliche Gewissheit, dass das, was du dir am meisten wünschst, eintreffen wird. Diese Überzeugung und der felsenfeste Glaube werden es dir letztendlich ermöglichen, das anzuziehen, was du dir wünschst.

Wer denkt, dass es beim Manifestieren um die Kontrolle der Zukunft geht, liegt komplett falsch. Es geht nicht um Kontrolle, ganz im Gegenteil: Es geht um Hingabe. Du musst wissen und visualisieren, was du haben willst, aktiv darauf hinarbeiten und dich dann der Reise hingeben, die dich dorthin führen wird. Am Anfang dieses Buches habe ich das

---

4 Norman Vincent Peale: Die Kraft positiven Denkens. Oesch, Zürich 2010

Visualisieren deines Wunsches mit der Nutzung von Google Maps verglichen, wo du dein Ziel exakt eingeben musst, um es sicher zu erreichen. Stell dir also vor, dass die Manifestation so etwas wie die Software der App ist. Du lässt zu, dass Google Maps dir sagt, wo du abbiegen, welche Straßen du meiden und welche Autobahnen du nehmen sollst und dass es dich wieder auf den richtigen Weg führt, wenn du falsch abgebogen bist. Du versuchst nicht, diesen Prozess zu kontrollieren, sondern du erlaubst dem System, seine Arbeit zu tun, während du deine tust. Wenn du dich der Magie des Manifestierens hingeben willst, musst du ihr auf die gleiche Weise vertrauen.

Bevor ich das Manifestieren für mich entdeckte, betrachtete ich jede Art von Zurückweisung als Beweis dafür, dass ich nicht wertvoll oder nicht liebenswert war, und ließ mich immer wieder davon abhalten weiterzukommen. Ich gab mich mit weniger zufrieden, als ich verdiente, weil ich daran zweifelte, dass meine Wünsche jemals in Erfüllung gehen würden. Ich ließ zu, dass der Neid mich beherrschte, weil ich nicht glaubte, mir das Leben, das ich haben wollte, selbst schaffen zu können. Ich stand mir immer selbst im Weg, weil ich nicht an eine bessere Zukunft glaubte. Dank meines unerschütterlichen Vertrauens in das Universum und in die Manifestation ist mein Leben jetzt ganz anders: Ich sehe Ablehnung nur als eine Umleitung zu etwas Besserem, ich gebe mich nie mit weniger zufrieden, weil ich weiß, dass ich mit Fülle belohnt werde, wenn ich einen hohen Selbstwert unter Beweis stelle (indem ich die Prüfungen des Universums überstehe), und ich verschwende keine wertvolle Energie an Neidgefühle, sondern versuche, mich ständig inspirieren zu lassen. Ich weiß tief in mir, dass das Universum hinter mir steht. Ich vertraue darauf, dass es mich mit der Fülle versorgen will, die es in sich birgt. Ich glaube, dass das Universum großzügig ist und uns alle versorgen will. Es will, dass wir unseren Wert erkennen, dass wir loslassen, was uns nicht mehr dient, und dass wir unsere ganze Kraft einnehmen. Ich weiß, dass das Universum das Beste für mich will, und ich möchte dir versichern, dass das auch für dich gilt.

Dieser letzte Schritt ist wohl der wirkungsvollste von allen. Er hilft dir nicht nur, Herausforderungen mit größerer Leichtigkeit zu meistern, sondern er befähigt dich auch, Ängste und Zweifel zu überwinden, die beiden größten Blockaden der Manifestation. Es gibt einfach keinen Raum für Ängste und Zweifel, wenn du volles Vertrauen in das Universum und seine Fähigkeit und Bereitschaft hast, für dich zu sorgen.

> VERTRAUEN, GEWISSHEIT UND UNERSCHÜTTERLICHE ZUVERSICHT HABEN EINE HOHE SCHWINGUNG UND LASSEN DICH MÜHELOS FÜLLE IN DEIN LEBEN ZIEHEN.

Das Vertrauen in das Universum unterstützt deine Manifestationsreise auch auf andere Weise: Es lässt dich die magnetische Haltung der Dankbarkeit entwickeln, die für das

Manifestieren unerlässlich ist. Wie das geht? Nun, wenn wir sicher sind, dass etwas eintreten wird, können wir uns dem Weg dorthin überlassen. Das allein nimmt uns schon eine Menge Sorgen, Ängste und Stress, weil wir uns nicht mehr ständig fragen müssen: »*Wie* wird es geschehen?« Stell dir zum Beispiel vor, du bist auf Haussuche: Wenn du *nicht* darauf vertraust, dass alles so klappt, wie du es dir wünschst, wirst du dich während deiner Suche ständig verzweifelt fragen: »Wann finde ich es denn?«, und jedes Mal enttäuscht sein, wenn du ein Haus siehst, das nicht »das richtige« ist. Du könntest in Panik geraten, dass du dein jetziges Haus nicht rechtzeitig verkaufen kannst, und schlaflose Nächte haben, weil du dir Sorgen machst, wie es weitergehen soll. Der ganze Prozess kann sich zu einer unglaublich stressigen Sache auswachsen. Wenn du jedoch volles Vertrauen in das Universum hast und darauf vertraust, dass sich dir das perfekte Haus zum richtigen Zeitpunkt präsentieren wird, kannst du all die niedrig schwingenden Sorgen und Zweifel loslassen und dich stattdessen der Freude und Aufregung über die Suche nach deinem perfekten Zuhause und dem Beginn eines neuen Kapitels in deinem Leben hingeben. Wenn du dir keine Gedanken darüber machst, *wie* du dein Ziel erreichst, weil du einfach weißt, dass du es irgendwann schaffen wirst, bist du einfach achtsamer im gegenwärtigen Moment und übst dich darin, alles, was dich bereits umgibt, bewusster wahrzunehmen und wertzuschätzen. So kommen wir wirklich in den Sweet Spot des Manifestierens, den ich in Schritt 5 erwähnt habe: »Sei dankbar (ohne Vorbehalte).« Du weißt, was du willst, und bist gleichzeitig und von ganzem Herzen dankbar für alles, was du jetzt hast.

Schritt 7 ist ein wesentlicher Bestandteil des Manifestierens und verstärkt alle vorherigen Schritte, aber er ist auch am schwierigsten für die meisten. Ich höre sehr oft den Satz: »Ich tue alles, was ich tun soll, aber es ist noch immer nichts eingetroffen. Offensichtlich funktioniert das bei mir nicht.« Das frustriert viele, lässt sie zweifeln und macht all die wunderbare innere Arbeit, die sie bis zu diesem Zeitpunkt geleistet haben, wieder zunichte: Sie fallen in schlechte Gewohnheiten zurück und geben sich mit Dingen zufrieden, die ihren Selbstwert beeinträchtigen, weil sie kein Vertrauen mehr in den Prozess haben. Das geschieht meist aus einem Grund: ihrer Ungeduld.

Ungeduld ist der Feind des Manifestierens, denn sie stört das göttliche Timing. Das göttliche Timing ist das Timing des Universums, einer energetischen Kraft, die viel mächtiger ist als wir. Vertrauen in das göttliche Timing zu haben ist im Grunde eine elegante Umschreibung für »Ich glaube, dass alles aus einem bestimmten Grund geschieht«. Im Vertrauen auf das göttliche Timing können wir unser Bedürfnis nach Kontrolle, nach festen Zeitplänen und nach der Dringlichkeit, unser Leben zu beschleunigen, aufgeben. Das Vertrauen in das göttliche Timing lässt uns präsent und achtsam sein, und wir können uns darauf verlassen, dass sich alles so entwickeln wird, wie es sein soll. So können wir stark bleiben, wenn die Dinge nicht genauso laufen, wie wir es uns vorgestellt haben. So erleben wir Freude, Schönheit und

Zufriedenheit schon während unserer Reise und nicht erst am Ziel. Das göttliche Timing ist die Essenz des Manifestierens, und wir müssen darauf vertrauen, damit die Magie ihre höchste Wirkung entfalten kann.

Die wenigsten Menschen geben dem göttlichen Timing den Raum, den es zu seiner Entfaltung braucht. Oft werden sie ungeduldig und fangen an, sich in den Prozess einzumischen. Irgendwann kommen sie ganz vom Weg zu ihren Träumen ab, weil sie hoffen, eine Abkürzung zu finden. In unserer Welt der sofortigen Befriedigung aller Wünsche ist das leicht nachvollziehbar. Mir kommt es aber so vor, als ob sich unsere Träume genauso schnell erfüllen sollen, wie wir eine Online-Bestellung geliefert bekommen.

Der Prozess des Wartens ist ein großer Test für unser Selbstvertrauen und unseren Selbstwert. Wenn wir etwas nicht sofort bekommen, entsteht mehr Raum für negative Gedanken, einschränkende Glaubenssätze und Unsicherheiten. Wir neigen dazu, uns in diese Negativität hineinzusteigern und unsere Schwingung zu senken, indem wir unseren Ängsten und Zweifeln erlauben, noch lauter zu werden. Wir sagen dann vielleicht Dinge wie »Ich wusste, dass ich es nicht wert bin« oder »Ich hätte nie glauben dürfen, dass ich das für mich haben kann«. Dann versuchen wir, die Unsicherheit zu heilen, indem wir etwas finden, das den Selbstzweifel vorübergehend überdeckt.

Eine meiner Freundinnen war seit einem Jahr Single. Sie hatte die Nase voll davon, darauf zu warten, jemanden kennenzulernen. Sie fragte mich immer wieder: »Warum passiert es nicht?« Ich erinnerte sie sanft daran, dass erstens ein Jahr Single-Dasein gar nicht so lang ist, und zweitens, dass sie immer noch Ängste und Zweifel hatte. Meiner Meinung nach sollte sie sich darauf konzentrieren, zunächst ihre Vergangenheit zu bewältigen, bevor sie ihren Seelenpartner in ihr Leben ziehen konnte. Aber sie tat das, was viele Freunde tun, wenn sie einen Rat erhalten: Sie hörte mir erst aufmerksam zu und entschied sich dann, das Gesagte komplett zu ignorieren. Sie beschloss, nicht länger warten zu wollen, ließ sich von ihren Gefühlen der Wertlosigkeit überrennen und datete jemanden, der ihr niemals die emotionale Stabilität und Bindung bieten konnte, die sie verdiente. Sie verstellte sich den Weg zu ihrem Seelenpartner, nur um sich vorübergehend vom Alleinsein abzulenken. Erst als sie diese Beziehung beendete, sich wirklich für ihre eigene Entwicklung und die Steigerung ihres Selbstwerts einsetzte und das Bedürfnis nach einem konkreten Zeitpunkt losließ, fand sie den Mann, mit dem sie heute verlobt ist.

Der Trick besteht wirklich darin, **das Warten aufzugeben.** Warten, vor allem, wenn wir »verzweifelt« auf etwas warten, senkt unsere Schwingung und schwächt uns und unsere Manifestationsfähigkeiten. Entscheide dich, nicht zu warten, sondern ganz im Moment zu sein.

Wir kommen noch einmal darauf zurück, wie wichtig es ist **loszulassen**. In diesem Buch und auf unserer Manifestationsreise werden wir immer wieder aufgefordert, loszulassen: die Person, die wir waren, die Person, von der wir dachten, dass wir sie sein sollten, unsere Ängste und Zweifel, Dinge, die nicht mehr unserem stärksten Selbst dienen, Neid und schließlich das Bedürfnis, die genaue Richtung unseres Weges zu kontrollieren. Wenn wir auf uns selbst und auf das Universum vertrauen, gelingt uns das Loslassen mühelos.

> IM PROZESS DES LOSLASSENS GEBEN WIR UNS GANZ DEM UNIVERSUM HIN. DARIN LIEGT DIE MAGIE.

Ich möchte dir jetzt erzählen, wie ich alle Schritte, die du gelernt hast, genutzt habe, um genau dieses Buch zu manifestieren, das du gerade liest.

Solange ich denken kann, habe ich das Schreiben geliebt. Es war schon immer meine liebste und beste Methode, um meine Gedanken, Ideen und Gefühle auszudrücken. Als ich noch zur Schule ging, träumte ich davon, Autorin zu werden und mein eigenes Buch in den Händen zu halten. Ich sagte den Leuten mit absoluter Gewissheit: »Eines Tages werde ich ein Buch schreiben.« Aber als ich in eine neue Phase meines Lebens eintrat und ein Studium begann, wurde dieser Traum, wie viele Kindheitsträume, auf die lange Bank geschoben.

Ein Jahrzehnt später, nachdem ich das Manifestieren für mich entdeckt hatte, meine Bestimmung erkannte und meiner Leidenschaft nachging, Coach für Persönlichkeitsentwicklung zu werden, tauchte der Traum wieder auf. Manchmal sagten Leute zu mir: »Du solltest ein Buch schreiben«, und ich antwortete: »Ja, das würde ich gern eines Tages tun.«

Der Traum war wieder da, und ich wusste, dass ich ein Buch schreiben wollte – da war ich mir sicher. Aber ich war mir nicht sicher, wann, wie oder über was.

Irgendwann setzte sich dann eine Buchagentin über Instagram mit mir in Verbindung. Sie fragte mich, ob ich jemals darüber nachgedacht hätte, ein Buch zu schreiben, und wir kamen ins Gespräch. Dabei wurde mir zum ersten Mal völlig klar, was das Buch beinhalten sollte: meinen Sieben-Schritte-Leitfaden zum Manifestieren. **Schritt 1 ✓.**

Etwa zwei Monate nachdem wir angefangen hatten, über das Konzept zu sprechen, das sie verschiedenen Verlagen vorlegen wollte, musste die Agentin aus persönlichen Gründen von der Zusammenarbeit zurücktreten. »Das ist wahrscheinlich auch gut so, denn ich bin noch nicht so weit«, dachte ich. Ich zog mich zurück und investierte etwas Zeit, um meine eigenen Ängste und Zweifel in Bezug auf das Schreiben eines Buches zu untersuchen. Warum fühlte ich mich noch nicht bereit dazu? Ich erkannte einige einschränkende Glaubenssätze, die mich an meinen Fähigkeiten zweifeln ließen, und begann, sie nach und nach auszuräumen. **Schritt 2 ✓.**

Um die Weihnachtszeit herum traf ich eine innere Entscheidung: »Ich bin bereit, mein erstes Buch zu schreiben.« Ich hatte gleichzeitig meine Selbstliebe kultiviert und mein Selbstwertgefühl so weit aufgebaut, dass ich beschloss, ohne Agentur einen Verlag zu finden, nur mit der Magie der Manifestation im Rücken. Zum Jahreswechsel 2021 schrieb ich auf mein Einjahres-Vision-Board: »Buch geschrieben, lektoriert und bereit zur Veröffentlichung.« Alles Weitere überließ ich dem Universum. Dann ging ich auf Instagram und erstellte eine kleine Insta-Story mit den Worten: »Hallo, ich suche einen Buchverlag. Wer Interesse an einem Gespräch hat, melde sich bitte!« Ich habe mein Verhalten darauf ausgerichtet, indem ich aktiv wurde, aus meiner Komfortzone heraustrat und meine Visualisierung proaktiv vorantrieb. **Schritt 3 ✓.**

Ein Verlag antwortete mir sofort; er zeigte sich sehr interessiert. Ich hatte vorher noch nie von dem Verlag gehört, aber er war in der Branche sehr angesehen. Ich telefonierte mit der netten Dame, die mich auf Instagram angesprochen hatte, und innerhalb einer Woche hatte ich mein erstes Angebot vorliegen – ein wirklich gutes Angebot. Aber beim zweiten Gespräch war ich mir einfach nicht mehr sicher. In meinem Herzen wusste ich, dass es nur einen einzigen Verlag gab, bei dem ich unterschreiben wollte: der Verlag, bei dem das Buch erschienen war, das mich erstmals auf meine Selbstentwicklungsreise geführt hatte – *Selbstvertrauen gewinnen. Die Angst vor der Angst verlieren* von Susan Jeffers. Der Verlag, bei dem ich unbedingt unterschreiben wollte, war Penguin Books. Hier war mein Test: Ein Angebot lag auf dem Tisch, aber nicht von Penguin. Ich lehnte das Angebot an einem Freitag ab. **Schritt 4 ✓.**

Am nächsten Tag traf ich mich mit meiner guten Freundin Olivia zu einem Spaziergang und erzählte ihr, was aus dem Buchvertrag geworden war. Sie meinte: »Warum bittest du nicht Elizabeth Day um Rat? Sie hat einige tolle Bücher veröffentlicht, vielleicht kannst du sie auf Instagram kontaktieren?«

Das war wie eine Erleuchtung. Ich kannte Elizabeth Day nicht und fühlte mich nicht wohl dabei, sie einfach so anzusprechen, aber ich kannte zufällig ihre Agentin Grace sehr gut. Ich hinterließ Grace noch am selben Abend eine Sprachnachricht, auf die sie antwortete, dass das Angebot, das ich erhalten hatte, für eine Erstautorin sehr gut sei und dass sie darüber nachdenken und mir Bescheid geben würde, wenn sie eine Idee hätte, was ich als Nächstes tun könnte. Am Montagabend, als ich mich nach einem langen Tag in der Badewanne entspannte, klingelte mein Telefon. Es war Grace. Sie sagte: »Hi, Rox, das hatte ich ganz vergessen, aber ich hatte heute Morgen ein Zoom-Meeting mit Ione, einer Redakteurin aus der Sachbuchabteilung von Penguin. Sie sagte, sie suchen nach neuen Ideen. Hier ist ihre E-Mail-Adresse.« Ich lächelte vor mich hin. Was für ein glücklicher Zufall, dass sie, weniger als achtundvierzig Stunden nachdem ich mich gemeldet hatte, ein Treffen mit meinem Traumverlag in ihrem Terminkalender hatte. Noch in der Badewanne tippte ich sofort eine E-Mail an Ione. Ich hatte volles Vertrauen, dass das Universum mir diese Chance aus einem bestimmten Grund gegeben hatte. **Schritt 7 ✓.**

Die Betreffzeile der E-Mail lautete »The Manifesting Book«, und ich schrieb: »Hi, Ione, ich habe gerade deinen E-Mail-Kontakt von Grace erhalten. Um mich kurz vorzustellen: Ich bin Coach für Persönlichkeitsentwicklung und Manifestationsexpertin. Jeden Monat veranstalte ich auf Zoom Workshops für die Eigenentwicklung, einer davon ist mein Sieben-Schritte-Leitfaden zum Manifestieren. Ich möchte daraus ein Buch machen. Entschuldige die E-Mail, aber sag mir Bescheid, wenn du dich mit mir unterhalten willst. Einen schönen Montag! Roxie x.«

Fünf Minuten später erhielt ich eine Antwort.

»Hi Roxie, danke, dass du dich gemeldet hast. Ich freue mich sehr darüber. Das Manifestieren ist ein Thema, über das ich in letzter Zeit mit meinem Team gesprochen habe und das ich im Blick habe. Ich bin also sehr interessiert und würde gern mehr darüber erfahren. Wie wäre es, wenn wir uns am Donnerstag um 9.30 Uhr treffen, um darüber zu sprechen? Nochmals vielen Dank für deine Kontaktaufnahme. Herzliche Grüße, Ione.«

Bereits innerhalb der ersten zehn Minuten unseres Treffens fiel mir etwas auf: Auf Iones Schreibtisch lag ein Buch mit einem Einband, den ich sofort erkannte: Susan Jeffers *Selbstvertrauen gewinnen*. Als ich es sah, wusste ich sofort, dass ich an der richtigen Adresse war. Innerhalb einer Woche hatten wir einen offiziellen Vertrag geschlossen. Ich heulte vor Freude: Penguin würde mein erstes Buch veröffentlichen – und das auf den Tag genau ein Jahr nach meinem allerersten Manifestationsworkshop.

> VERTRAUEN IST DER KLEBSTOFF, DER DIE SCHRITTE DES MANIFESTIERENS MITEINANDER VERBINDET.

Wenn du anfängst, dich mit dem Manifestieren zu beschäftigen, halte Ausschau nach »Zufällen«, glücklichen Momenten und Situationen, in denen du an etwas denkst und es plötzlich eintritt. Zum Beispiel, wenn du an einen Song denkst, den du gern hören möchtest, und er plötzlich im Radio gespielt wird, oder wenn du an jemanden denkst, mit dem du schon lange nicht mehr gesprochen hast, und er oder sie dir aus heiterem Himmel eine Nachricht schickt. Nimm all diese Ereignisse zur Kenntnis und erlaub ihnen, dein Vertrauen in das Universum zu stärken. Erlaub ihnen, dir die mächtige energetische Kraft des Universums zu demonstrieren und dir deine machtvolle Fähigkeit vor Augen zu führen, deine eigene Realität zu erschaffen und sie zu gestalten. Und wenn dann die Dinge, die du in dein Leben ziehen willst, eintreten, wirst du erleben, wie sich dein Vertrauen verzehnfacht und dich auf deiner Manifestationsreise noch weiter beflügelt.

NACHWORT

Anfangs hast du vielleicht gedacht, beim Manifestieren ginge es nur darum, deine Wünsche zu visualisieren und dann abzuwarten, dass sie in Erfüllung gehen. Ich hoffe, dass du inzwischen die vielen Ebenen des Manifestierens erkennst und begreifst. Ich hoffe, dass du das Manifestieren nach der Lektüre dieses Buches genauso siehst wie ich: nicht nur als eine magische Kraft, sondern als eine Praxis der Selbstentwicklung, nach der du dein Leben ausrichten kannst. Manifestieren bringt nicht nur Fülle in dein Leben, sondern hilft dir, in deine Kraft zu kommen und das ganze unglaubliche Potenzial in dir freizusetzen. Der Kern des Manifestierens sind dein Selbstwertgefühl, deine unterbewussten Überzeugungen darüber, was du verdienst, und deine Fähigkeit zur Selbstliebe. Manifestieren ermutigt dich dazu, die beste Version deiner selbst zu sein. Es drängt dich dazu, in dein authentischstes und stärkstes Selbst einzutreten und die innere Kraft zu entdecken, die in dir vorhanden ist. Damit kannst du deine einschränkenden Überzeugungen, deine Zweifel, deine Ängste und deine Unsicherheiten überwinden.

Manifestieren fordert dich auf loszulassen, was dir nicht mehr dient, und dich daran zu erinnern, dass du alles sein kannst, was du sein willst. Alles, was du tagtäglich tust, ist eine Gelegenheit, deine Manifestationskraft zu stärken: die Gedanken, die dich beschäftigen; die Art und Weise, wie du dich ernährst und deinen Körper mit Energie versorgst; die täglichen Übungen, die du dir vornimmst; die Gewohnheiten, die du dir aneignest; die Freundschaften, die du pflegst; das Verhalten, das du von anderen erwartest; und deine Bereitschaft, deine Komfortzone zu verlassen. Alles, was du tust, ist eine Demonstration der Selbstliebe, und mit jeder Entscheidung, die du triffst, kannst du deinen Selbstwert steigern und deinen Träumen näher kommen.

Die Schritte in diesem Buch sollten nicht einzeln, sondern gleichzeitig durchgeführt werden. Jeder der sieben Schritte ergänzt die jeweils anderen, und wenn du sie alle beherrschst, wirst du die Magie des Manifestierens entfesseln. Du hast nur dieses eine Leben, und es ist deine Aufgabe, es so schön wie möglich zu gestalten und voller Freude, Liebe, Sinn und der Erfüllung zu leben. Es ist an der Zeit, das Leben nicht mehr einfach so geschehen zu lassen, sondern die unendliche Macht in dir zu erkennen, genau das Leben zu wählen und zu kreieren, das du haben willst. Es ist an der Zeit, dein bestes Leben zu manifestieren.

> EINST HAT DIR JEMAND EINGEREDET,
> DASS DU NICHT ALLES HABEN KANNST.
> ABER ICH SAGE DIR, DASS DU DAS KANNST.

DANK

An Wade: Ohne dich wäre das alles nicht möglich gewesen. Ich danke dir für alles.

An Leah, meine Seelenschwester: Danke, dass du die beste Freundin bist, die ich je hatte.

An meine ganze Familie: Ich liebe euch alle mehr, als ich es in Worte fassen kann.

An Annie, dass du an meiner Seite warst und mir bei jedem Schritt geholfen hast.

Amy Bailey, danke, dass du meine Cover-Vision zum Leben erweckt hast!

Und schließlich Dank an alle, die mich an ihrer eigenen Selbstentwicklungsreise teilhaben ließen, die zu einem Workshop kamen, dieses Buch lasen oder Teil dieser wunderbaren Gemeinschaft wurden.

QUELLEN

Robin Sharma: Der Mönch, der seinen Ferrari verkaufte. Eine Parabel vom Glück. Knaur, München 2019

Brian Tracy: Verkaufspsychologie. Wie Sie Ihr Einkommen verdoppeln können. Audible Hörbuch, Berlin 2021

Don Miguel Ruiz: Die Vier Versprechen. Ein Weg zur Freiheit und Würde. Allegria, Berlin 2012

Mel Robbins: Die 5-Sekunden-Regel. Wenn du bis 5 zählen kannst, kannst du auch dein Leben verändern. TOPP, Weilimdorf 2018

John C. Maxwell: Das Heute zählt. Zwölf tägliche Gewohnheiten – die Garantie für den Erfolg von morgen. entfalt media. Kumhausen 2014

Helena Blavatsky: Die Geheimlehre. Die Synthese von Wissenschaft, Religion und Philosophie. Aquamarin, Grafing 1999

Oprah Winfrey: Interview mit Facebook-COO Sheryl Sandberg, 2017

Norman Vincent Peale: Die Kraft positiven Denkens. Oesch, Zürich 2010

REGISTER

V

W

Y

Z

Roxie Nafousi

Die Fortführung des Bestsellers *Manifestiere!*

Mit der Kraft unserer Gedanken können wir unsere tiefsten Herzenswünsche tatsächlich wahr werden lassen! In ihrem neuen Buch vermittelt Roxie Nafousi praktische Techniken und einfache, hochwirksame Übungen, um den Manifestationsprozess entscheidend zu verstärken und unsere innerste Kraft zu entfalten.

978-3-7787-9330-5